Conoce todo sobre
Aplicaciones Google

Conoce todo sobre Aplicaciones Google

David Rodríguez de Sepúlveda Maillo

(Ilustrado por María del Mar Sánchez Cervantes)

La ley prohíbe
fotocopiar este libro

Editado por:
RA-MA Editorial
Madrid, España.

Colección American Book Group - Informática y Computación - Volumen 28.
ISBN No. 978-168-165-844-5
Biblioteca del Congreso de los Estados Unidos de América: Número de control 2019935064
www.americanbookgroup.com/publishing.php

Maquetación: Antonio García Tomé
Diseño de portada: Antonio García Tomé
Arte: Creativeart / Freepik

A mis primeros recuerdos.
A Papá y Mamá.

ÍNDICE

AGRADECIMIENTOS

Los agradecimientos nunca son demasiados. A pesar del número de obras escritas, siguen surgiendo gratitudes que, aunque puedan parecer generales, siguen siendo concretas en mi cabeza. Esto pasa cuando agradezco a alumnos y compañeros por hacerme pensar con sus dudas y conversaciones técnicas y personales. Y es un agradecimiento concreto, ya que los unos y los otros van cambiando a lo largo de mi carrera profesional como docente.

Las que no cambian, pero siguen siendo concretas, son las personas que forman parte de mi familia y a los que también tengo que agradecer obra a obra el que en mayor o menor medida sean un poquito mi yo interno.

Pero estos no son los únicos agradecimientos. También existen los que forman parte nueva de mis proyectos, los conocimientos, y las personas que los generan a través de implicaciones en proyectos o simplemente de conversaciones puntuales. Estas personas que pueden pasar aparentemente desapercibidas en nuestras vidas, son las que terminan de formarnos día a día.

"Cada uno aporta sus capacidades y saberes, y resulta enriquecido o empobrecido por su relación con los demás". José Antonio Marina.

NOTAS ACLARATORIAS

A lo largo de la redacción de esta obra, el lector podrá encontrar una serie de aclaraciones y notas que vendrán identificadas con el siguiente icono.

NOTA
Información extra de carácter general asociado al caso práctico en cuestión.

Además debemos dejar claro que todas las aplicaciones y funcionalidades aquí expuestas son propiedad de Google inc., así como las capturas relacionadas con estas aplicaciones web y por tanto debemos acogernos a su licencia de uso y condiciones.

1

INTRODUCCIÓN A GOOGLE

Hoy en día hablar de Google es hablar del día a día de la gran mayoría de los usuarios de Internet. Y si no, hágase las siguientes preguntas:

▼ ¿Qué buscador utiliza para encontrar páginas web relacionadas con un determinado asunto?

▼ ¿Cuál es su correo electrónico?

▼ ¿Cómo planifica sus rutas cuando planea un viaje?

▼ ¿Cuál navegador web utiliza en el móvil?

Lo más probable es que la gran mayoría haya contestado **Google, Gmail** de Google, **Google Maps yNavegador web** de **Android**, propiedad de Google. Si es así, usted es un usuario que depende de Google y de los programas que esta empresa nos ofrece.

Pero no son estas las únicas áreas sobre las que Google puede ayudarnos. Como veremos a lo largo de la obra, la persona que se adentre en esta redacción descubrirá que, si no todo, casi todo lo que necesite podrá ser desarrollado gracias a algún planteamiento de esta empresa. Y todo esto centralizado en Internet, o mejor dicho, independiente de su máquina.

1.1 BREVE HISTORIA DE GOOGLE

La empresa Google fue creada por Larry Page y Serguéi Brin, aunque comenzó como un proyecto universitario en la Universidad de Stanford. El nombre original de este proyecto era **Back Rub**, nombre que fue cambiado en 1997 por el actual Google. La idea de este nombre provenía de una adaptación del término "gúgol", término matemático que hace referencia al número uno seguido por 100 ceros. Toda una declaración de intenciones que representaba su afán por organizar gran cantidad de contenido proveniente de Internet.

El estreno de Google como motor de búsqueda se hizo en el **4 de septiembre de 1998**, superando al buscador referencia del momento Altavista.

A partir de este momento, Google comenzó su escalada adquiriendo servicios de terceros y desarrollando programas de trabajo en la red, buscando siempre dar soluciones globales independizadas de la máquina o red desde donde te conectes. De esta manera, y a modo de una cronología resumida y centrada en productos aun disponibles, tenemos:

- ▼ Febrero de 2001. Google compra el servicio de debate **Deja News**, y lo transforma en **Google Grupos**.

- ▼ Julio de 2001. Actualiza sus servicios de búsqueda, añadiendo la **búsqueda de imágenes**

- ▼ Septiembre de 2002. Aparece **Google Noticias**.

- ▼ Febrero de 2003. Crece nuevamente la oferta ampliando en este caso su campo de actividad y entrando en el mundo Blog tras la adquisición de la empresa **Pyra Labs**, empresa que creó la palabra blog y el servicio **Blogger**.

- ▼ Diciembre de 2003. Lanza **Google Print**, y **Google Libros**.

- ▼ Abril de 2004. Presenta su servicio de correo electrónico **Gmail**.

- ▼ 19 de agosto de 2004. Es una fecha de gran importancia para la empresa, ya que Google Inc. **sale a la bolsa de valores**, siendo el 18 de agosto de ese mismo año cuando salió a bolsa en WallStreet.

- ▶ 2005 fue un año grandes inclusiones y nuevos proyectos: sacaron a la luz **Google Maps** y **Google Earth** y compró **Android Inc**. adentrándose de esta manera en el mercado de los dispositivos móviles. Hubo que esperar hasta 2007 para ver liberada la primera versión del sistema operativo **Android**. Además, se lanzó **Google Code**.

- ▶ Agosto de 2005 fue el mes elegido para la presentación **Google Talk**, proyecto que se unificará junto con el chat de Google+ en la aplicación **Google Hangouts**, aunque esta unificación no se llevará a cabo hasta 2015.

- ▶ Noviembre de 2005. Se presenta **Google Analytics**.

- ▶ En 2006 se lanza el editor de imágenes *on-line* **Picasa**.

- ▶ Marzo de 2006- Tras la adquisición de la empresa **Writely**, se lanza **Google Docs**.

- ▶ Abril de 2006. Se presenta **Google Calendar** y en agosto **Google Apps** orientado a empresas.

- ▶ Octubre de 2006. Continuando con la adquisición de empresas del sector que ayudarán la ampliación de ofertas, Google adquirió **YouTube** y **JotSpot**, que será lanzado en 2008 con el nombre de **Google Sites**.

- ▶ Julio de 2007. Google realizó una nueva compra, **Panoramio**, proyecto que se integró con Google Earth, añadiendo la posibilidad de incluir fotos personales que amplíen el conocimiento de la zona visualizada.

- ▶ Septiembre de 2008. Aparece el navegador web de Google, llamado **Google Chrome** y como alternativa de código abierto **Chromium**.

- ▶ Enero de 2010. Se produce una nueva ampliación del área de influencia de Google con la presentación de su primer teléfono móvil basado en **Android**, el **Nexus One**.

- ▶ Junio de 2011. Presentación de la nueva red social de **Google+**.

Evidentemente, Google sigue desarrollando y ampliando sus propuestas con ideas tan extraordinarias como las desarrolladas en el proyecto **Project Glass**, con el que se busca realizar unas gafas de realidad aumentada, y que hoy en día son inspiración en muchas empresas para generar proyectos hermanos.

1.1.1 El logotipo de Google

Desde el nacimiento de Google hasta nuestros días, Google ha sufrido cambios en su logotipo. Cierto es que salvo en el caso del primer cambio que se hace muy evidente, los demás han sido adaptaciones y estilizaciones del mismo.

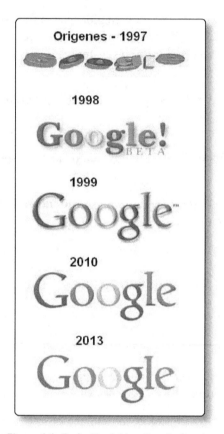

Figura 1.1. Evolución del logotipo de Google.

En la imagen anterior podemos ver los cambios sufridos. Es evidente que la persona que lea el libro tendrá que imaginar la imagen con los colores corporativos de la empresa, ya que esta reproducción es en blanco y negro. Pero siendo una persona que hace uso habitual de este buscador seguro que no le costará.

1.2 GOOGLE APPS

Google Apps es la apuesta de Google por presentar un servicio que agrupe varias funcionalidades, siendo todos estos útiles y accesibles gracias a un único requisito, tener una cuenta Google. Este servicio agrupa funciones similares a las suites ofimáticas tradicionales (editor de textos **Docs**, hoja de cálculos **Sheets**, Presentaciones **Slides**), incluyendo además el correo electrónico **Gmail**, la mensajería **Hangouts**, la agenda **Calendar**, una unidad de almacenamiento virtual **Drive**, aplicaciones y juegos varios provistos por **Play**, creador de páginas webs **Sites**.

NOTA
Existe una versión para empresas, llamada **Google Apps for Work** que es gratis por 30 días. En este caso una de las principales ventajas es que puede unirse el servicio a nuestro nombre de dominio, pudiendo gestionar de esta manera cuentas de correo asociadas a nuestro dominio, pero centralizando los datos en Gmail.
Si por el contrario lo queremos asociar a una ONG (**Google Apps para organizaciones sin fines de lucro**), o bien a un centro educativo (**Google Apps for Education**), Google nos proveerá de una cuenta gratuita con todos los servicios destinados a empresas.

El coste de las diferentes aplicaciones carmbiará en función del número de total de usuarios disponibles en la cuenta de Apps. Así mismo, las características de la edición se aplicarán de manera global a todos los usuarios que formen parte de dicha suscripción.

1.3 CREAR UNA CUENTA DE GOOGLE

Lo primero que debemos tener en cuenta es que para poder acceder a las aplicaciones de Google, de acceso general, tendremos que haber registrado previamente una cuenta que nos servirá para acceder y activar dichas aplicaciones.

Para la creación de esta cuenta accederemos a la dirección web *https:// accounts.google.com/SignUp*, en la que se nos presentará un formulario que deberemos rellenar. Los datos que nos solicitan son de clara compresión. En cualquier caso, se describen a continuación los consideramos más confusos:

- **Nombre de usuario:** es el nombre que tendremos asociado a Google y con el que accederemos a todas las aplicaciones disponibles. Aunque se podrá acceder sólo con el nombre de usuario, no debemos olvidar que este quedará asociado al dominio Gmail, aplicación de correo electrónico, de manera que desde el momento de la creación de dicha cuenta, el usuario tendrá disponible una cuenta de correo electrónico descrita identificada como *nombre_usuario@gmail.com.*

- **Contraseña:** será nuestra clave de autentificación para poder acceder a las aplicaciones. Las contraseñas deben tener 8 caracteres como mínimo y se recomienda que contengan al menos dos de los siguientes elementos: mayúsculas, minúsculas, números y símbolos.

NOTA

La contraseña se nos solicitará dos veces para asegurar que la hemos puesto bien.

¡Muy IMPORTANTE!: no pondremos una contraseña que usemos en cuentas bancarias o similar.

- **Teléfono móvil: este:** este dato se solicita con la intención de generar una mayor seguridad en la cuenta de Google. De esta manera si se observa actividad sospechosa se enviará un mensaje a nuestro correo. También se enviará dicho mensaje en caso de pérdida de la contraseña.

NOTA

Como en prácticamente todos los registros que se realizan en Internet, tendremos que aceptar las condiciones de servicio y políticas de privacidad, las cuales se recomienda haber leído antes.

Figura 1.2. Formularios de creación de cuentas de Google.

Una vez relleno el formulario pulsaremos sobre el botón de **Siguiente paso**. Si por algún motivo hemos decidido no utilizar el sistema de validación que Google nos presenta, es probable que se nos mande un mensaje al teléfono indicado de manera que podamos acreditar que nos somos robots.

Como podemos ver, ya tenemos creada la cuenta de Google y activa nuestra cuenta de correo electrónico.

Figura 1.3. Cuenta de Google recién creada.

Si pulsamos sobre **Empezar** volveremos al buscador Google, pero en este caso con nuestra cuenta activada. Esto lo podremos comprobar en la parte superior derecha.

Figura 1.4. Información que Google nos aporta en su parte superior derecha.

Desde aquí podremos acceder, de derecha a izquierda, a:

▶ **Google+**: red social de Google.

▶ **Gmail**: gestor de nuestra cuenta de correo electrónico recién creada.

▶ **Imágenes**: acceso al buscador de imágenes de Google.

▶ **Aplicaciones**: el cuadrado formado por cuadrados menores es el acceso a un desplegable en el que nos presenta el acceso directo a las principales apps que Google nos ofrece. En su parte inferior podremos pulsar sobre **Más** para ver el acceso a otras apps.

Figura 1.5. Accesos directos a las apps de Google.

▶ **Configuración de la cuenta**: en este caso para acceder a ella pulsaremos sobre el nombre de la cuenta de correo electrónico. Desde aquí podremos también **cerrar la sesión** de la misma.

Si pulsamos sobre **Privacidad**, podremos obtener información extendida del tratamiento de datos y otros temas que relacionados con la gestión de privacidad por parte de Google.

Figura 1.6. Acceso a la configuración de la cuenta.

Si por su parte pulsamos sobre **Cuenta**, accederemos a todos los aspectos generales y configurables de esta. Como en el caso del formulario de inscripción, describiremos los apartados más interesantes:

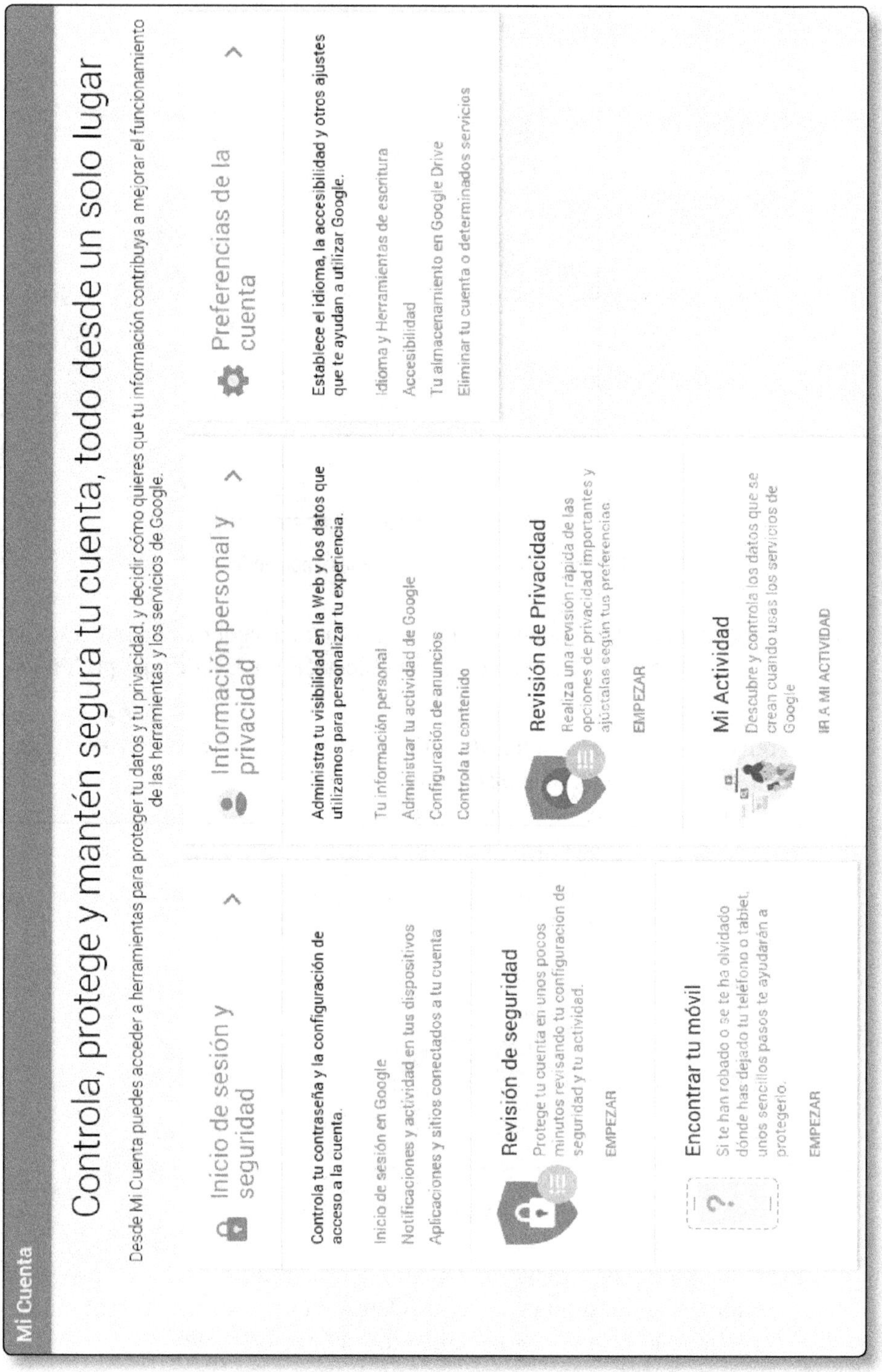

Mi Cuenta

Controla, protege y mantén segura tu cuenta, todo desde un solo lugar

Desde Mi Cuenta puedes acceder a herramientas para proteger tu datos y tu privacidad, y decidir cómo quieres que tu información contribuya a mejorar el funcionamiento de las herramientas y los servicios de Google.

Inicio de sesión y seguridad ⟩

Controla tu contraseña y la configuración de acceso a la cuenta.

Inicio de sesión en Google

Notificaciones y actividad en tus dispositivos

Aplicaciones y sitios conectados a tu cuenta

Revisión de seguridad

Protege tu cuenta en unos pocos minutos revisando tu configuración de seguridad y tu actividad.

EMPEZAR

Encontrar tu móvil

Si te han robado o se te ha olvidado dónde has dejado tu teléfono o tablet, unos sencillos pasos te ayudarán a protegerlo.

EMPEZAR

Información personal y privacidad ⟩

Administra tu visibilidad en la Web y los datos que utilizamos para personalizar tu experiencia.

Tu información personal

Administrar tu actividad de Google

Configuración de anuncios

Controla tu contenido

Revisión de Privacidad

Realiza una revisión rápida de las opciones de privacidad importantes y ajústalas según tus preferencias.

EMPEZAR

Mi Actividad

Descubre y controla los datos que se crean cuando usas los servicios de Google.

IR A MI ACTIVIDAD

Preferencias de la cuenta ⟩

Establece el idioma, la accesibilidad y otros ajustes que te ayudan a utilizar Google.

Idioma y Herramientas de escritura

Accesibilidad

Tu almacenamiento en Google Drive

Eliminar tu cuenta o determinados servicios

Figura 1.7. Configuración de la cuenta.

- **Comprobación de la seguridad**: si pulsamos sobre **Empezar**, se comenzará con un proceso de comprobación en el que se diagnosticarán diferentes apartados como: falta de datos importantes, tales como el número de teléfono, se nos presentarán las conexiones activas de esta cuenta, se comprobarán los permisos de la cuenta y finalmente se comprobará la cuenta de Gmail.

- **Verificación en dos pasos**: Situado dentro del apartado **Iniciar sesión**, la primera vez que se conecte desde un ordenador concreto, se nos enviará un código al móvil con la intención de vincularlo a nuestro usuario.

- **Administración de cuentas:** desde aquí podremos eliminar la cuenta y los datos asociados, o simplemente eliminar todo lo relacionado con una App concreta. Además podremos adquirir planes que nos permitan la ampliación de nuestro espacio de almacenamiento gratuito de 15 Gb.

2

GOOGLE SEARCH. BÚSQUEDA DE CONTENIDOS EN INTERNET

Como hemos dicho en el capítulo anterior, la historia de Google comenzó con un proyecto que pretendía tratar y centralizar información en un buscador. Este capítulo es, por tanto, el que pretenderá descubrir lo que fue y lo que es Google hoy en día a nivel de búsquedas.

Como veremos, lo que inicialmente era un buscador que se centraba en buscar páginas web, en la actualidad se ha convertido en un buscador que contiene en sí mismo buscadores temáticos centrados en búsquedas de contenidos tales como imágenes, libros o noticias.

2.1 INTRODUCCIÓN

Cuando hablamos de Google Search, como hemos indicado en los párrafos anteriores, nos referimos a todo lo relacionado con su motor de búsqueda. Principalmente, y como veremos en este capítulo, será lo relacionado con su motor de búsqueda en Internet.

Pero no es el único espacio donde Google Search nos ayuda a encontrar información. En la actualidad Google oferta una serie de productos para empresas, basándose en los principios de búsqueda que ha generado y centralizados en **Google Search for Work**.

Estos servicios se centran en dos áreas principales gracias a Google Search Appliance 7.2.

Figura 2.1. Web de Google Search Appliance.

Pero volviendo al tema que nos ubica, Google Search para usuarios aporta una gran variedad de resultados de búsqueda que nos ayudarán a trabajar mejor, obteniendo resultados más concretos y mejor relacionados con el asunto de la búsqueda. Los principales usos que nos provee son:

▼ Buscador de webs.

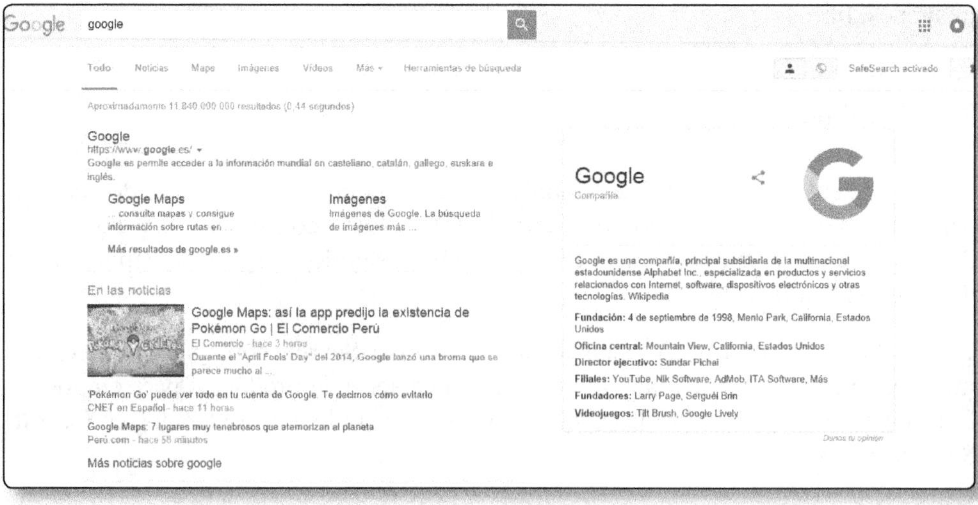

Figura 2.2. Buscador de Webs de Google.

▼ Buscador de imágenes

Figura 2.3. Buscador de Webs de Google.

▼ Buscador de noticias.

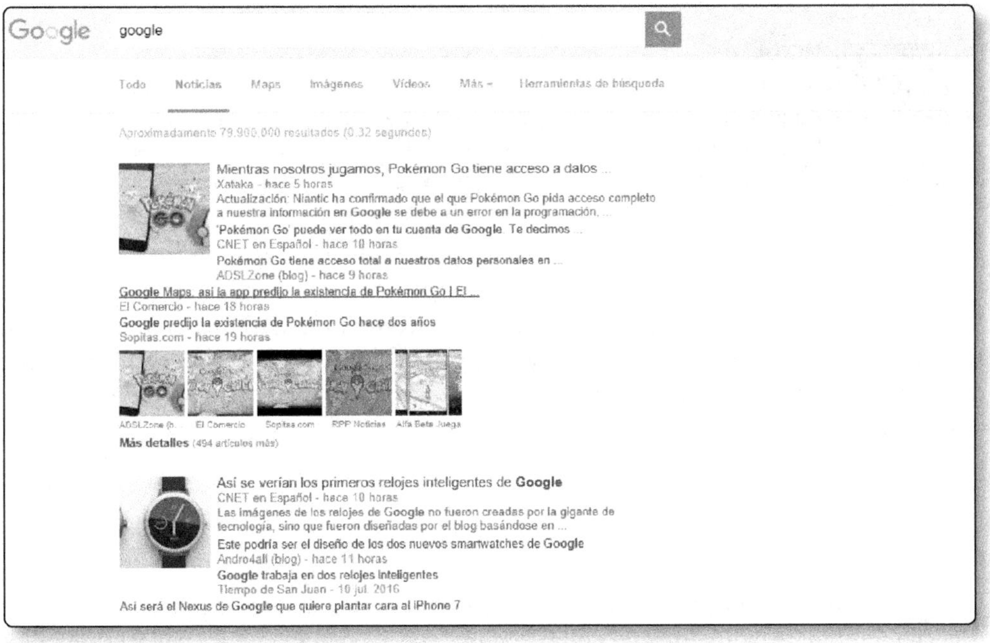

Figura 2.4. Buscador de noticias de Google.

▶ Buscador de libros.

Figura 2.5. Buscador de libros de Google.

NOTA

Aunque hemos diferenciado el Buscador de webs de los demás, no podemos olvidarnos de que el resto de las herramientas de búsqueda también buscan en las webs, solo que en el resto de los casos se centrará el resultado de búsqueda y el modelo de presentación en el tipo de contenido del mismo. .

Nos vamos a centrar en el buscador de webs, ya que el resto de buscadores asociados es similar a lo que veremos y no podemos dudar que el buscador principal y original es este. Por lo tanto empezaremos con la presentación de la interfaz o su estructura.

2.2 INTERFAZ

Cuando accedemos a *http://Google.es* la interfaz que se nos presenta es muy básica y limpia. Principalmente, como vemos, se nos presenta un formulario sencillo con dos botones en su parte inferior.

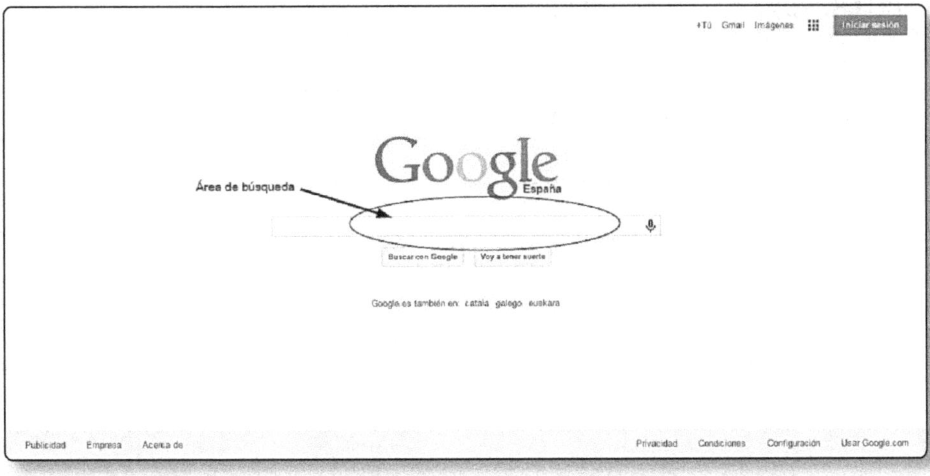

Figura 2.6. Portada del buscador de webs de Google.

La parte del menú superior ha sido ya explicada en el capítulo anterior. En cuanto a la parte central, es donde escribiremos el criterio de búsqueda pulsando posteriormente uno de los botones inferiores. Los botones inferiores son:

▶ **Buscar con Google:** hará una búsqueda estándar y se nos mostrarán los resultados encontrados en una lista. Además se nos presentarán alternativas publicitarias relacionadas con dicho criterio de búsqueda.

▶ **Voy a tener suerte:** accede directamente a la web del primer resultado coincidente.

NOTA
A día de hoy, estos dos botones no tienen sentido real, ya que en el momento que escribamos algo en el formulario de búsqueda, se nos presentará en tiempo real los resultados de búsqueda. Estos resultados se actualizarán según sigamos añadiendo términos.

En la parte inferior podemos ver los acuerdos de uso, privacidad,…

NOTA
Si queremos usar Google en català, galego o euskara, podemos hacerlo seleccionando Google en dicha lengua en bajo los botones.
No olvidemos pulsar esta opción antes de escribir el criterio de búsqueda.

2.3 INTERFAZ TRAS LA BÚSQUEDA

La interfaz que hemos presentado en el punto anterior cambia tras la búsqueda inicial. En la siguiente pantalla se nos presentan resultados y menús ampliados.

Figura 2.7. Interfaz tras una primera búsqueda.

La interfaz que en estos momentos se nos plantea y presenta, es una interfaz con diferentes apartados y áreas. En la parte superior nos encontramos con el formulario de búsqueda y el tipo de búsqueda a realizar, al que, como podemos ver, no se reduce a páginas web que contengan el criterio de búsqueda indicado en dicho formulario, sino que va más allá, dándonos la posibilidad de realizar búsquedas temáticas relacionadas con el resultado esperado, tales como imágenes, libros, direcciones en un mapa del mundo, noticias, videos y más opciones.

NOTA
En el último punto de este capítulo podrá ver algo más detallado el tipo de búsquedas nombradas.

Como siempre, en la parte derecha superior se nos da la posibilidad de acceder a otras aplicaciones de Google y de iniciar sesión para poder utilizar las preferencias almacenadas.

En cuanto a los resultados de búsqueda en sí, Google Search nos presenta dichos resultados estructurados de la siguiente manera:

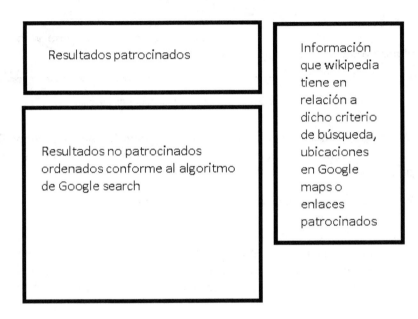

Figura 2.8. Estructura resultados de búsqueda.

▼ Resultados patrocinados: son aquellos que tienen **Adwords** activo y que pagan por visitas exitosas, siendo estas las recibidas o las mostradas dependiendo de lo contratado.

▼ Información de Wikipedia o Google Maps: si hacemos búsquedas relacionadas con un lugar, se nos mostrará su ubicación en un mapa. Si la búsqueda es relacionada con, por ejemplo, un hecho histórico, se nos mostrará un resumen de los que Wikipedia (enciclopedia libre y universal) tiene en sus bases de datos.

▼ Resultados no patrocinados. En este caso el formato de presentación es similar al de los patrocinados, aunque no vienen marcados con la palabra **anuncio**. Estas webs se presentan ordenadas conforme a un algoritmo que Google guarda como uno de sus principales tesoros y que es lo que en gran medida ha hecho que este buscador tenga el éxito que tiene.

Cada uno de los resultados de búsqueda tiene a su vez la siguiente estructura:

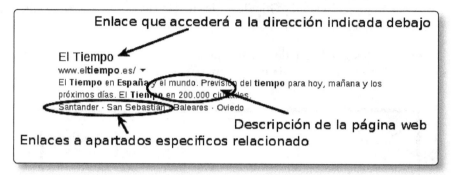

Figura 2.9. Estructura de cada uno de los resultados de búsqueda.

Debajo del enlace que accede a la dirección indicada debajo, vemos dicha dirección con una pestaña a su derecha. Si pulsamos sobre ella veremos que se nos despliegan dos opciones:

▶ En caché: si pulsamos directamente sobre el enlace, accederemos a dicha web conforme a los resultados alojados en el servidor remoto que lo aloje. Pero si pulsamos en la opción **en caché**, lo que se nos muestra es una copia que Google Search ha creado en sus servidores. Esto puede ser útil cuando el servidor al que queremos acceder está caído. Pero debemos tratarlo con precaución ya que la copia puede no estar totalmente actualizada.

▶ Similares: muestra resultados similares a la web en cuestión.

Además de los resultados de búsqueda, tenemos un nuevo botón en la parte superior izquierda con un icono con forma de tuerca.

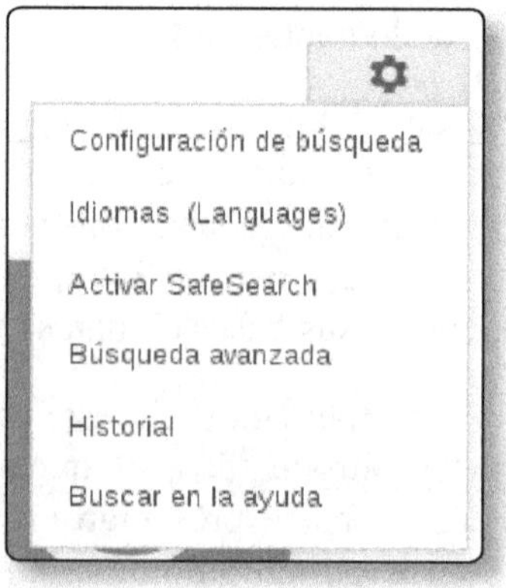

Configuración de búsqueda

Idiomas (Languages)

Activar SafeSearch

Búsqueda avanzada

Historial

Buscar en la ayuda

Figura 2.10. Herramientas avanzadas de Google Search.

- Configuración de búsqueda: permite configurar parámetros tales como la predicción de búsqueda, que muestra sugerencias frente a lo escrito para ayudarnos a realizar la búsqueda más rápidamente o número de resultados presentados por página.

Figura 2.11. Configuración de búsqueda de Google Search.

- Idiomas: selección del idioma para las aplicaciones Google.

- Activar SafeSearch: activa el filtro que evitará que se muestre el contenido para mayores basado en sexo o violencia. También lo podemos activar desde la opción **Configuración de búsqueda.**

- Búsqueda avanzada: se dedicará un punto completo para este apartado a continuación.

- Historial: el historial será utilizado para mejorar los resultados de búsqueda. Desde aquí puede activarse o desactivarse.

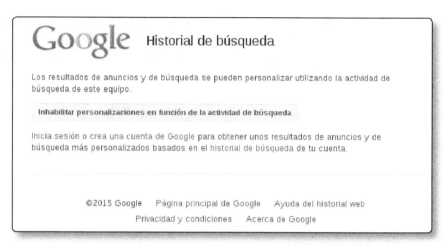

Figura 2.12. Historial de búsqueda de Google Search.

▶ Buscar en la Ayuda: ayuda de Google Search.

NOTA

Si todo lo anterior lo hacemos tras autentificarnos en nuestra cuenta Google, cada vez que accedamos a ella no tendremos que reconfigurar los criterios de Google Search, independientemente de la máquina en la que nos conectemos.

2.4 BÚSQUEDA SIMPLE

Abierto el navegador sobre el que queremos realizar la búsqueda, lo único que tenemos que hacer es teclear las palabras o frases sobre las que queramos que se nos muestren resultados.

Por ejemplo, si queremos que nos muestre información sobre el tiempo en España, teclearemos en el **Área de búsqueda** la palabras "tiempo" y "España", o bien la frase "tiempo en España". No son necesarias las comillas.

Dependiendo del buscador, se mostrará información diferente, pero toda relacionada con el tiempo en España.

Figura 2.13. Resultado de la búsqueda sobre el tiempo en España.

Para ver el contenido de una determinada página bastará con pulsar sobre el enlace deseado.

2.4.1 Concretar una búsqueda simple

Al realizar la búsqueda podemos concretar los resultados acotándolos a una fecha, país de publicación, idioma u otros aspectos concretos. Para ello, haremos uso de las herramientas que el navegador nos presenta. En Google Search tendremos que pulsar sobre **Herramientas de búsqueda**. De esta manera se nos desplegarán las diferentes opciones de concreción.

Figura 2.14. Herramientas de búsqueda en GoogleSearch.

Bastará con que en cada una de las opciones concretemos el criterio de búsqueda para que los resultados se actualicen y se concreten a lo deseado.

2.5 BÚSQUEDA AVANZADA

Volviendo a la imagen 2.10, en la que se nos presentan opciones de configuración de Google Search, pulsaremos sobre la opción **Búsqueda Avanzada**. Las opciones y cada uno de los campos vienen detallados y explicados a la derecha de cada uno de ellos. No obstante los revisaremos.

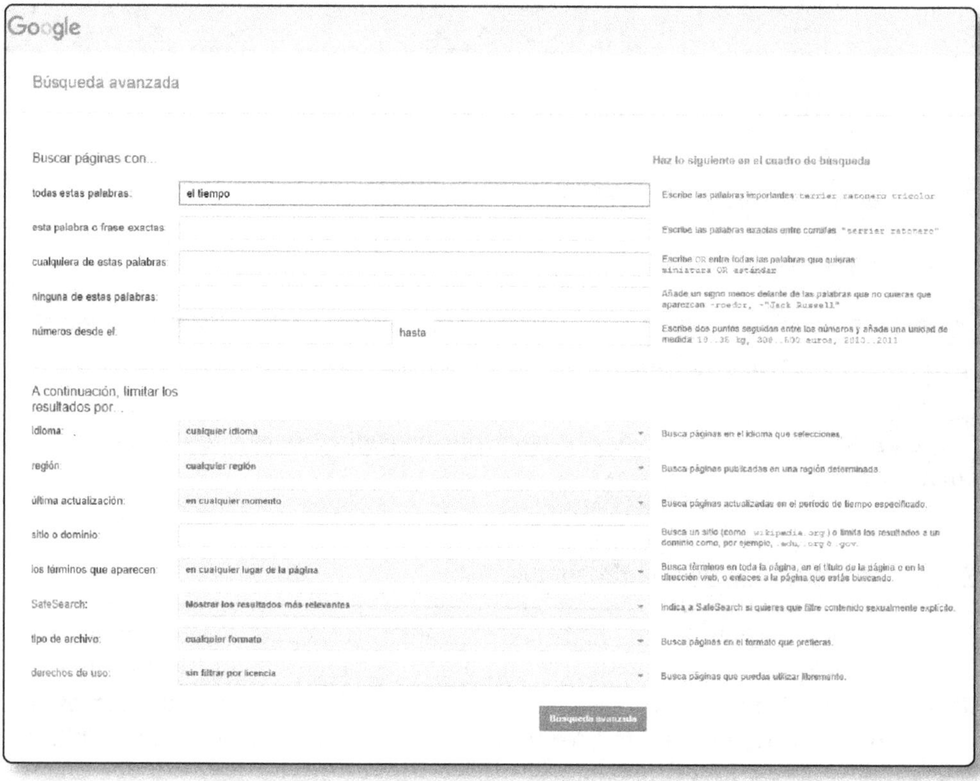

Figura 2.15. Herramientas de búsqueda avanzada en Google Search.

Este formulario se divide en tres partes:

▶ **Buscar páginas con**: en la que incluiremos palabras, frases y números. Podemos indicar que aparezcan todas las palabras, una frase concreta, algunas de las palabras,…

▼ **Limitar los resultados**: un conjunto de desplegables que nos permitirán acotar el resultado coincidente. Aquí podríamos concretar en algunos de los criterios que son algo más especiales:

- **Sitio o dominio**: buscará sólo los resultados coincidentes en una página concreta y su contenido.

- **SafeSearch**: utilizado para filtrar el contenido explícito y que no nos lo muestre.

- **Tipos de archivo:** muy interesante si estamos realizando una búsqueda de documentos.

- **Derechos de uso:** nos permitirá encontrar contenido que podremos utilizar libremente en nuestras publicaciones web o similares.

NOTA
Cuidado con los derechos de uso, ya que no siempre están bien identificados por parte de los usuarios que hacen uso de él. Se recomienda asegurarnos de que la licencia es correcta acudiendo a las fuentes de dicho contenido.

▼ **También puedes**: otras alternativas de búsqueda, tales como buscar páginas de contenido similar al solicitado o buscar en páginas ya visitadas desde el buscador Google Search.

Una vez completado bastará con pulsar sobre el botón presentado en la parte inferior derecha y etiquetado, como no podía ser de otra manera, con **Búsqueda avanzada**.

NOTA
Gran parte de estos criterios de búsqueda se pueden utilizar directamente desde el buscador principal sin necesidad de entrar en este apartado. Por ejemplo, podemos realizar una búsqueda de la manera:
"el tiempo en España" nublado OR soleado –lluvia
De manera que nos mostrará las páginas que contenga la frase "el tiempo en España" y las palabras "nublado" o "soleado", pero no podrá contener "lluvia".

2.5.1 Búsquedas avanzadas especiales

Además de lo presentado, Google Search incorpora características de búsqueda especiales que pueden agilizarnos la localización de ciertos contenidos:

▼ **Definiciones:** Podemos buscar definiciones de palabras anteponiendo la palabra **define** a la palabra que deseamos la definición.

Figura 2.16. Definición de la palabra ciencia mostrada por Google Search.

▼ **Calculadora científica:** podemos usar Google Search como calculadora científica o calculadora simple, bastará con añadir en los criterios de búsqueda una formula y veremos mostrado el resultado. En el ejemplo realizado por Google se muestran 4 funciones separadas por comas y su representación resultante.

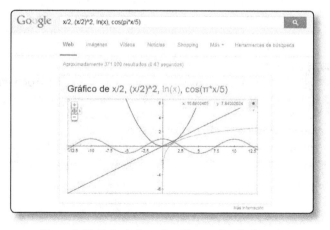

Figura 2.17. Calculadora científica en Google Search.

- **Cambio de moneda:** para ver el equivalente de una moneda en otra sólo tendremos que preguntarlo a Google Search de la manera **100 euros a dólares** y nos dará la respuesta.

Figura 2.18. Conversor de moneda en Google Search.

> **NOTA**
> Además de lo aquí mostrado, Google Search posee **huevos de pascua**, que no son más que pequeñas bromas que surgen al realizar búsquedas concretas. Animamos a que se prueben las siguientes búsquedas y se observen los resultados:
>
> - Askew
> - Do a barrel roll
> - blinkhtml
> - zergrush
>
> Para arreglarlo bastará con volver a cargar Google Search. .

2.6 BÚSQUEDA DE RECURSOS CONCRETOS

Aunque el origen de los buscadores web lo único que pretendían es darnos resultados de páginas web que contuvieran las palabras que se buscaban, en la actualidad es sólo una de sus finalidades. Hoy en día el buscador web Google Search nos va a permitir:

- Buscar imágenes.
- Buscar noticias.
- Buscar videos.

La búsqueda de este contenido se realiza a través de los accesos que se nos presentan debajo de la casilla de inserción de palabras de búsqueda.

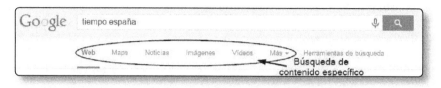

Figura 2.19. Zona de búsqueda de contenido específico en GoogleSearch.

El proceso es muy sencillo, basta con que insertemos las palabras de búsqueda, como en el caso anterior, y en lugar de pulsar la tecla **Enter** o sobre el icono de búsqueda, pulsaremos sobre el tipo de contenido a buscar, ya sea este motivo **imágenes**, **vídeos** o **noticias.**

Figura 2.20. Resultados de videos, imágenes y noticias sobre el tiempo en España.

2.6.1 Búsqueda de imágenes similares

Si Google Search nos aporta la posibilidad de hacer cálculos matemáticos, conversiones de moneda, etc., en **Google Images** podemos hacer búsquedas especiales usando para ello una imagen.

Sí, ha leído bien: Google ha llegado a una nueva era de búsquedas en imágenes. Podemos coger cualquier imagen que tengamos en el ordenador y solicitar información de ella al buscador de imágenes. De esta manera, la imagen será subida y estudiada por el motor de búsqueda con la intención de aportarnos páginas webs que la contiene o imágenes similares, además de los aspectos básicos de la misma, tales como tamaño y formato.

Por lo tanto, lo único que tendremos que hacer es arrastrar la imagen al formulario y veremos cómo dicho formulario se nos transforma solicitando que soltemos dentro el archivo.

Figura 2.21. Búsqueda de información relacionada con una imagen que tenemos en el ordenador.

Figura 2.22. Resultados de la búsqueda anterior en Google Search.

3

GOOGLE TRANSLATOR.
TRADUCTOR EN LÍNEA

Actualmente Google e Internet no son un obstáculo si no conocemos los idiomas de las páginas webs que deseamos visitar. Pero Google no sólo centra en darnos las posibilidades de entender contenidos on-line, sino que también podemos solicitar traducciones concretas de textos impresos haciendo uso de su herramienta **Google Translator**.

Google Translator nos permite leer todo tipo de textos.

NOTA
Se recomienda utilizar Google Translator con cautela.

3.1 ACCESO A GOOGLE TRANSLATOR

El acceso a Google Translator lo podemos hacer por dos caminos diferentes:

▶ Desde el buscador de Google Search: teclearemos el término **traductor** y en los resultados listados veremos que nos sale en el primero de ellos. Por lo tanto, simplemente tendremos que elegirlo.

Figura 3.1. Acceso a Google Translator desde Google Search.

Como observamos en la imagen. Este resultado o medio de búsqueda, nos mostrará un traductor sencillo y simple encima de los resultados de búsqueda.

▶ Acceso directo: el acceso directo se lleva a cabo desde la dirección web *https://translate.google.es/*.

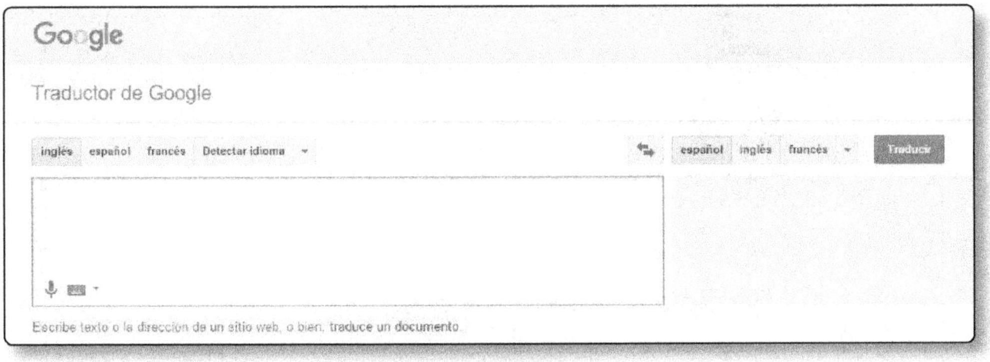

Figura 3.2. Google Translator.

En cualquiera de los casos, una vez accedido podremos hacer uso de él para diferentes funciones:

▼ Traducción de texto.
▼ Traducción de documentos.
▼ Traducción de páginas web.
▼ Escuchar texto traducido.

3.2 TRADUCIR UN TEXTO PROPIO A OTRO IDIOMA

En las dos opciones anteriores, la que aparece directamente asociada al buscador y la que accedemos independientemente, podemos observar dos cajas de texto, una de ellas a la izquierda y otra a la derecha. Pues bien, en la izquierda es donde escribiremos el texto que queremos traducir y en la derecha veremos el texto traducido.

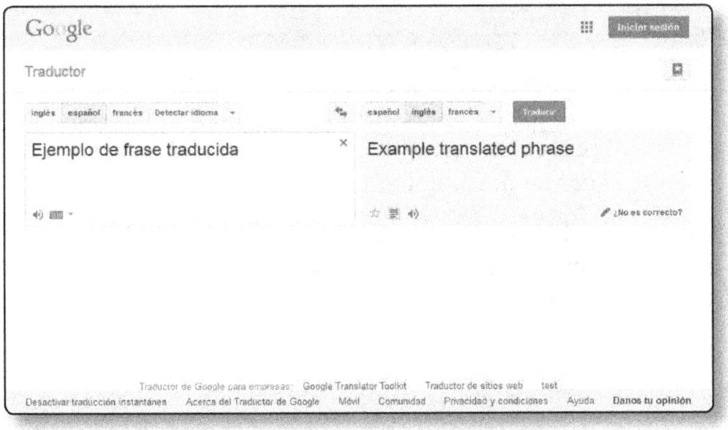

Figura 3.3. Texto traducido en Google Translator.

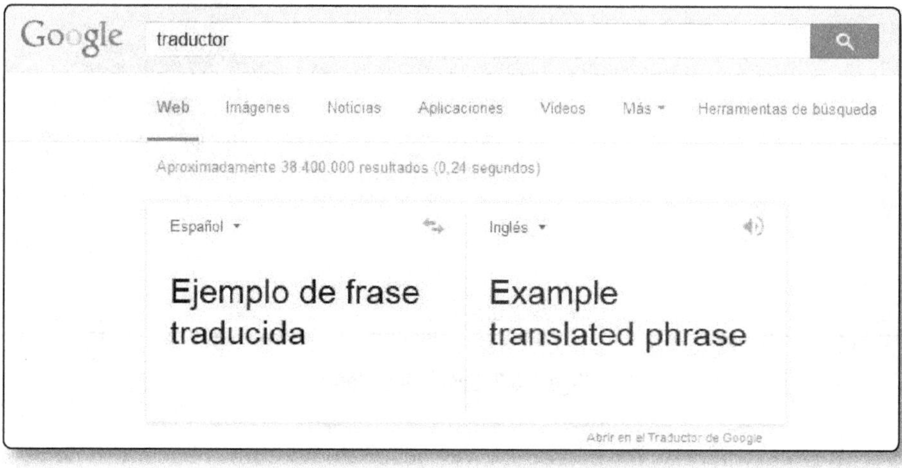
Google
traductor
Web
Imágenes
Noticias
Aplicaciones
Vídeos
Más
Herramientas de búsqueda
Aproximadamente 38 400.000 resultados (0,24 segundos)
Español
Inglés
Ejemplo de frase traducida
Example translated phrase
Abrir en el Traductor de Google

Figura 3.4. Texto traducido en Google Search.

3.2.1 Detalles de Google Translator

Hasta aquí el uso básico de Google Translator. Pero si miramos en la parte superior e inferior de las cajas podremos observar diferentes botones y selectores. Expliquémoslos:

- Dentro de Google Translator tenemos una parte superior, donde podremos elegir el idioma de origen y el idioma a traducir. Como se puede ver, aparecen los más habituales y un desplegable con infinidad de ellos más.

español
inglés
francés
Detectar idioma
inglés
español
francés
Traducir

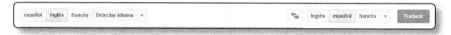

Figura 3.5. Herramientas superiores en Google Translator.

Además aparece un botón con una doble flecha en el centro que nos permite hacer un intercambio de los idiomas seleccionados.

Por su parte, la herramienta que nos provee Google Search es más sencilla con las mismas aplicaciones. Lo único que no aparecen los idiomas más habituales seleccionados.

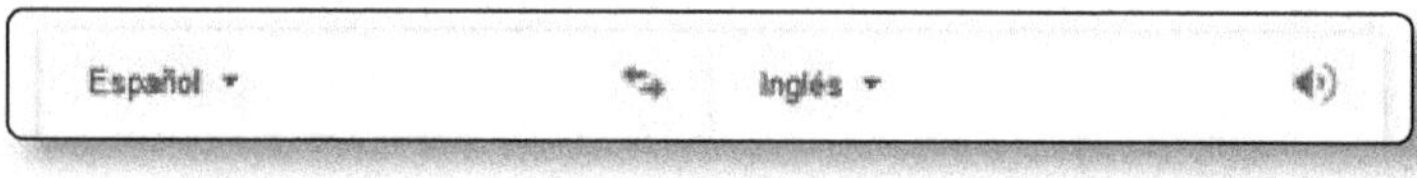
Español
Inglés

Figura 3.6. Herramientas superiores en el traductor de Google Search.

- La parte inferior de Google Translator nos presenta opciones de teclado con la intención de que se reconozcan las teclas de manera correcta, y un altavoz que nos leerá el texto escrito o traducido.

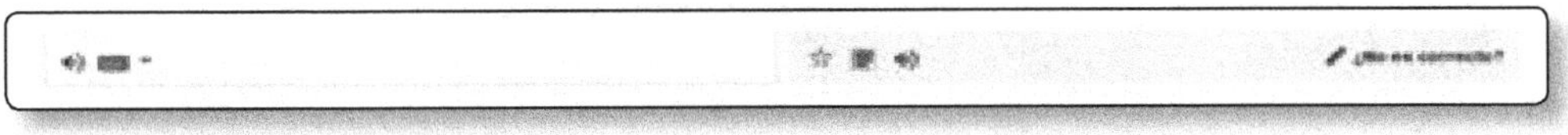

Figura 3.7. Herramientas inferiores en Google Translator.

En la parte derecha tenemos también una estrella que nos sirve para guardar el contenido en el vocabulario del usuario (se verá con más detalle en puntos posteriores), y la opción **¿No es correcto?**, donde podremos modificar la traducción y enviarla a Google para su estudio y corrección si así se considera.

> **NOTA**
> El altavoz lo podemos ver a la izquierda de la parte superior de Google Search.

3.3 TRADUCIR UNA PÁGINA WEB A OTRO IDIOMA

La traducción de una web a otro idioma pasa por el mismo proceso descrito, solo que en este caso lo que introduciremos en el idioma de origen, el idioma en que esta creada la web, la dirección completa de la página a traducir. Como ejemplo, vamos a traducir un trabajo con una descripción de la web de marcervantes.es.

> **NOTA**
> En este caso sólo podremos obtener un resultado correcto desde la página web del traductor, no pudiendo usar el traductor insertado en Google Search para ello.

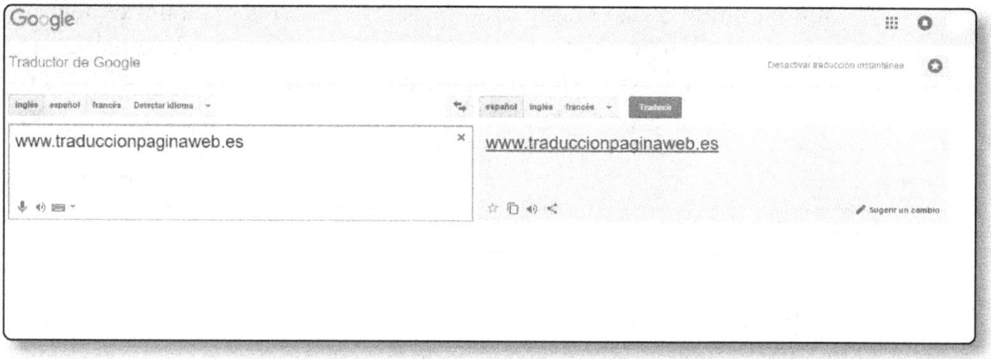

Figura 3.8. Traducción de una página web concreta.

La dirección del apartado concreto de la página web completa es *http:// marcervantes.es/66/Dise%C3%B1o-de-la-interfaz-web-2014.htm*. El idioma de origen es el español, y la traducción la queremos en Ingles. Como vemos, en la parte derecha de traducción, aparece la misma dirección web pero en forma de enlace web.

Si pulsamos sobre él, se nos abrirá la página web traducida en dicho idioma.

Figura 3.9. Web original a la izquierda y traducida a la derecha.

En la página traducida podemos ver diferentes elementos y realizar algunas acciones particulares:

▶ Ver el texto concreto traducido: Si nos posicionamos sobre un determinado párrafo, podremos ver el texto original del cual se ha realizado la traducción.

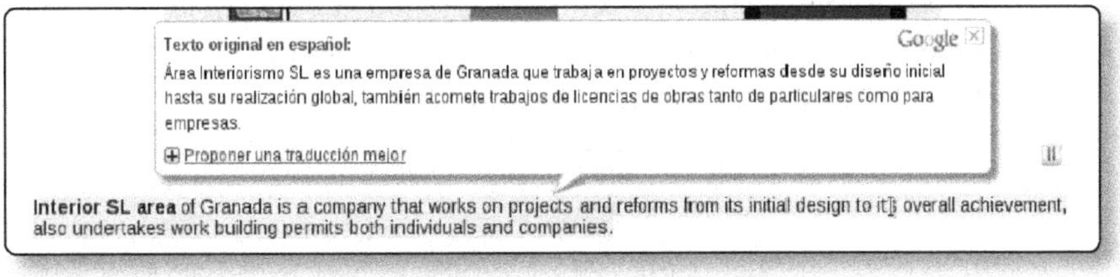

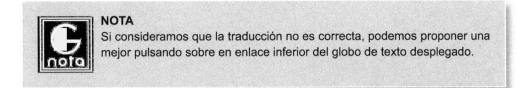

Figura 3.10. Texto concreto traducido y muestra del original.

NOTA
Si consideramos que la traducción no es correcta, podemos proponer una mejor pulsando sobre en enlace inferior del globo de texto desplegado.

▶ Menú superior: de izquierda a derecha, podemos cambiar los idiomas seleccionados o volver a la página original. El botón con flechas hacia arriba ocultará dicho menú.

Figura 3.11. Menú superior de la web traducida por Google Translator.

NOTA
Si seguimos navegando desde la página traducida, veremos las nuevas páginas igualmente traducidas.
En algunos casos el efecto de traducción puede afectar a la navegación por la página web.

3.4 TRADUCIR NUESTRO PROPIO SITIO WEB A OTRO IDIOMA

Además del método anteriormente visto, podemos introducir un código web específico en nuestra página web que nos hará directamente la traducción al código deseado.

Accederemos a la dirección de página web de Google Translate *http:// translate.google.com/manager/website/*, en la que se nos provee de la solución para este propósito en forma de complemento web.

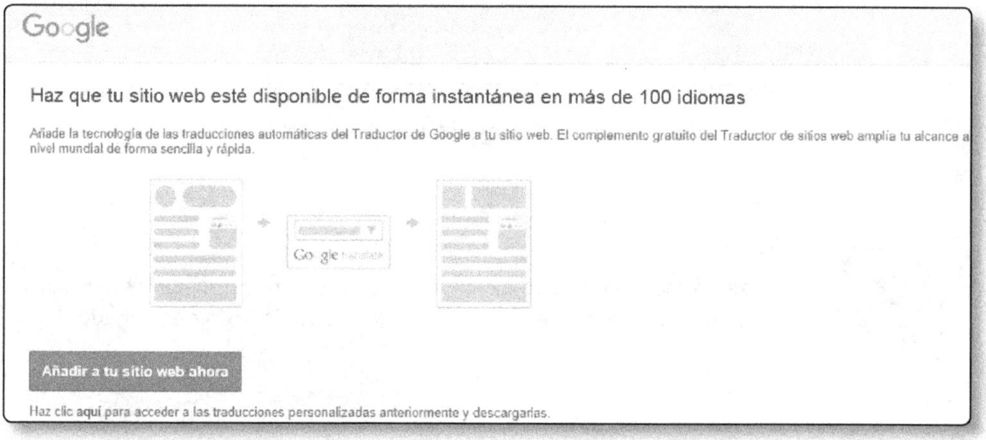

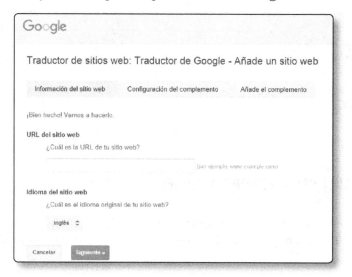

Figura 3.12. Google Translator para insertarlo en un sitio web.

Pulsaremos sobre **Añadir a tu sitio web ahora**, y nos autentificaremos con nuestra cuenta de Google.

Lo primero que tendremos que hacer es introducir la dirección raíz del sitio web en el que queremos crear el complemento y el idioma en que esta creada dicha web. Cuando lo hayamos completado pulsaremos sobre **Siguiente.**

Figura 3.13. Primer paso para crear el complemento de Google Translator.

Lo siguiente es seleccionar el idioma o los idiomas a los que queremos que se ofrezca traducción, el modo de visualización del complemento en la web y algunas opciones avanzadas:

▶ Si queremos que se muestre el banner superior explicado anteriormente, o si queremos que se muestre oculto.

▶ Avisar que la web incluye contenidos en varios idiomas con la idea de que Google Translator lo pueda tener en cuenta para una correcta traducción.

▶ Añadir un seguimiento de las traducciones para Google Analytics, que se verá en capítulos posteriores.

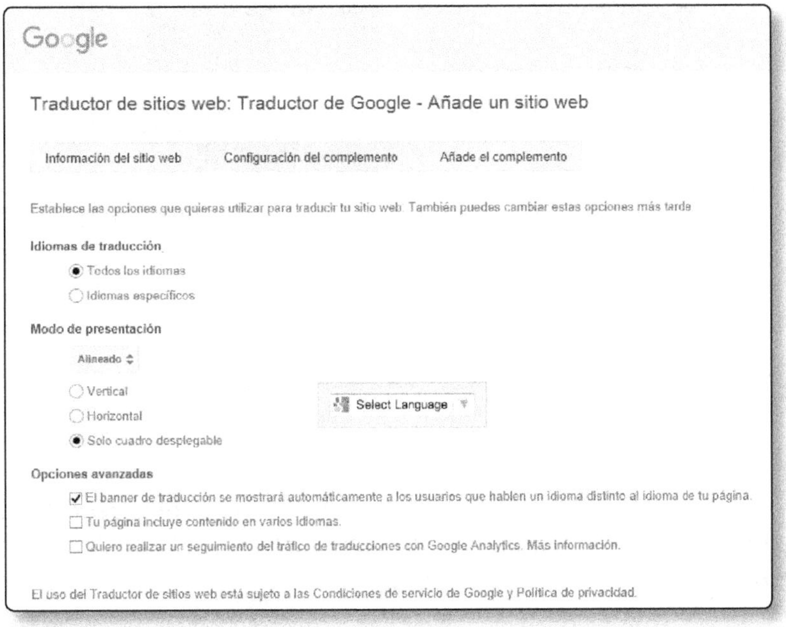

Figura 3.14. Segundo paso para crear el complemento de Google Translator.

Ya tenemos el complemento creado. Sólo falta que copiemos el código en la parte de nuestra web que queramos que aparezca dicho complemento.

NOTA
Evidentemente para este paso tendremos que saber de programación web y poder editar los códigos de la web deseada.

Figura 3.15. Obtención del complemento de Google Translator.

Antes de insertarlo en la web, es altamente recomendable hacer pruebas de funcionamiento. Para ello se nos presenta el ejemplo de desplegable en la parte inferior.

NOTA

En Google Search también es posible que se nos ofrezca la traducción de ciertas páginas web coincidentes con el criterio de búsqueda.

> Google | Facebook
> https://www.facebook.com/Google ▾ Traducir esta página
> Google, Mountain View, CA. 18735160 likes · 53774 talking about this. Organizing the world's information and making it universally accessible and useful.

3.5 HERRAMIENTAS DE TRADUCCIÓN. TRANSLATOR TOOLKIT

Para utilizar Google Translator, salvo en el caso del punto anterior, no necesitamos tener una cuenta de Google. Pero si la tenemos, además de poder hacer uso del traductor dentro de una página web, podemos también almacenar información que nos servirá posteriormente para agilizar el uso de material traducido.

Todo esto lo podremos hacer desde la dirección web de la aplicación *https:// translate.google.com/toolkit/*. ¿Qué podemos hacer en ella?:

▼ Permite corregir las traducciones que genera automáticamente Google Translator.

▼ Compartir traducciones, glosarios y memorias de traducción.

▼ Subir y traducir documentos de Microsoft Word, OpenOffice, RTF, HTML, texto, artículos de Wikipedia y Knols.

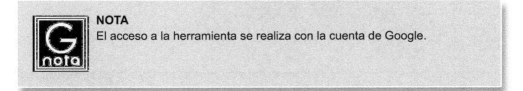

NOTA
El acceso a la herramienta se realiza con la cuenta de Google.

Tras el acceso a la herramienta nos fijaremos en las herramientas de la sección izquierda, donde lo primero que podremos hacer es subir un documento para traducirlo dándole al botón **Subir**.

Figura 3.16. Google TranslatorToolkit.

3.5.1 Subida de documentos

Es importante que antes de darle a la opción de subir documentos, seleccionemos el área donde lo vamos a subir. Las ventanas de subida de documentos son personalizadas. por lo tanto, será diferente la opción de subida de las traducciones activas que la de glosarios.

En cada uno de los apartados se verá la ventana como sigue:

▼ **Traducciones > activas, Etiquetas o Compartidas con:**

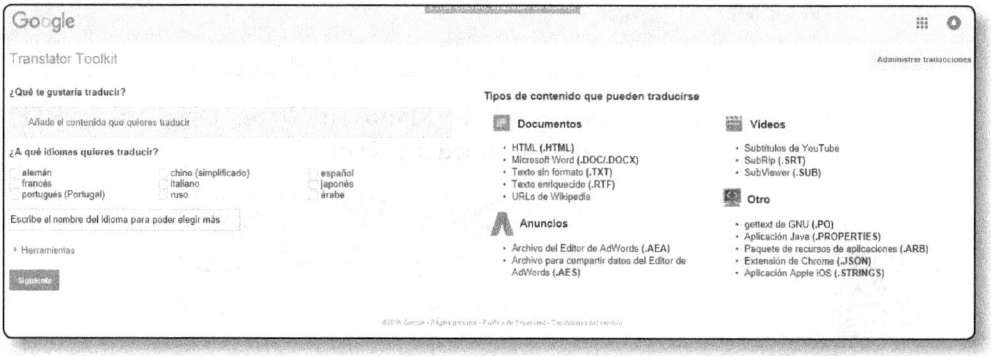

Figura 3.17. Subida de documentos Traducciones, Etiquetas o Compartidas.

▼ **Herramientas > Memorias de traducción**:

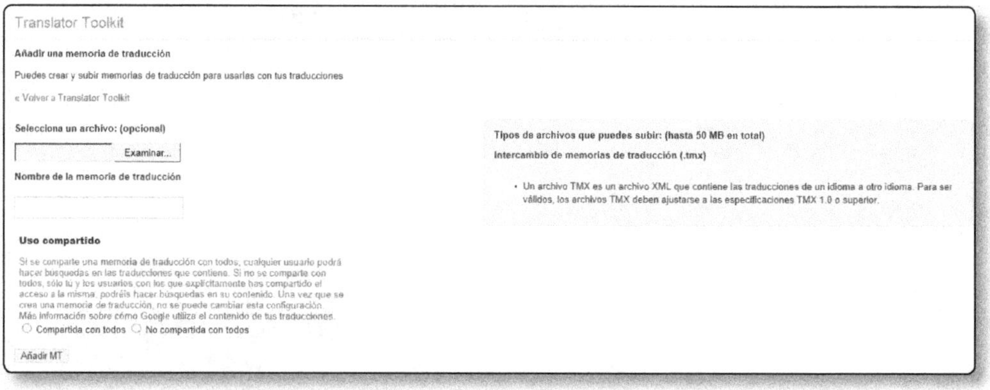

Figura 3.18. Subida de documentos Memorias de traducción.

▼ **Herramientas > Glosario**:

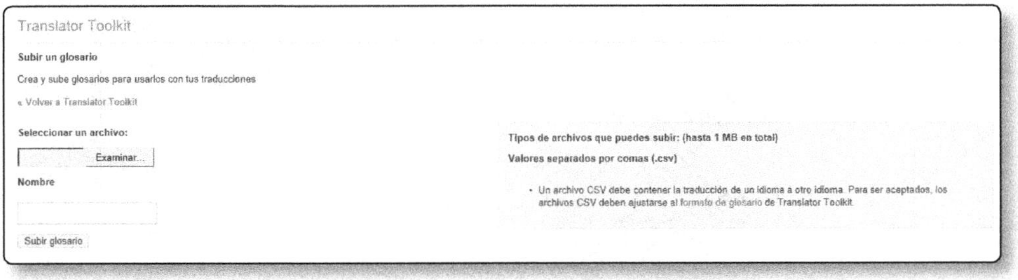

Translator Toolkit

Subir un glosario
Crea y sube glosarios para usarlos con tus traducciones

« Volver a Translator Toolkit

Seleccionar un archivo:

[Examinar...]

Nombre

Subir glosario

Tipos de archivos que puedes subir: (hasta 1 MB en total)
Valores separados por comas (.csv)

• Un archivo CSV debe contener la traducción de un idioma a otro idioma. Para ser aceptados, los archivos CSV deben ajustarse al formato de glosario de Translator Toolkit.

Figura 3.19. Subida de documentos Glosarios.

Como se puede ver, en cada una de las ventanas observamos condiciones diferentes frente a los documentos que se pueden subir.

3.5.2 Subida de documentos, traducciones, etiquetas o compartidas

La ventana en este caso es común. Lo primero que haremos es seleccionar lo que queremos traducir mediante la opción **Añade el contenido que quieres traducir**. De esta manera podremos incluir el texto desde diferentes orígenes, tal y como podemos ver en la imagen siguiente.

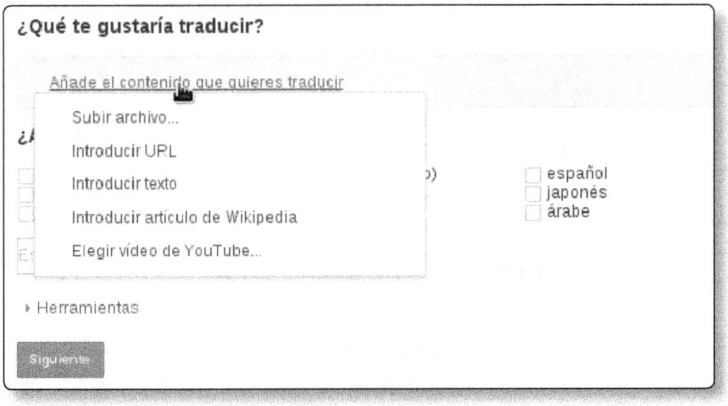

¿Qué te gustaría traducir?

Añade el contenido que quieres traducir

¿

Subir archivo...
Introducir URL
Introducir texto   )   □ español
Introducir artículo de Wikipedia   □ japonés
Elegir vídeo de YouTube...   □ árabe

▸ Herramientas

[Siguiente]

Figura 3.20. Añadir contenido.

Una vez seleccionado podremos indicar el idioma original y al que queremos traducirlo.

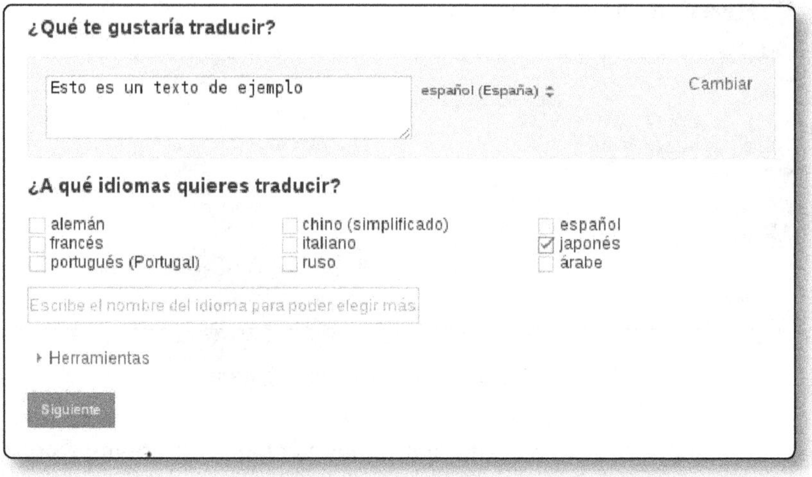

Figura 3.21. Selección de documento.

Ya sólo queda pulsar **Siguiente**. Nos da la opción de utilizar un proveedor de traducciones, o incluso de hacer llegar el documento a otros traductores que conozcamos para que ayuden. En nuestro caso pulsaremos **No, gracias**.

Ya tenemos la traducción preparada para trabajar con ella en la pantalla principal.

Seleccionándola aparecerán nuevas opciones de trabajo.

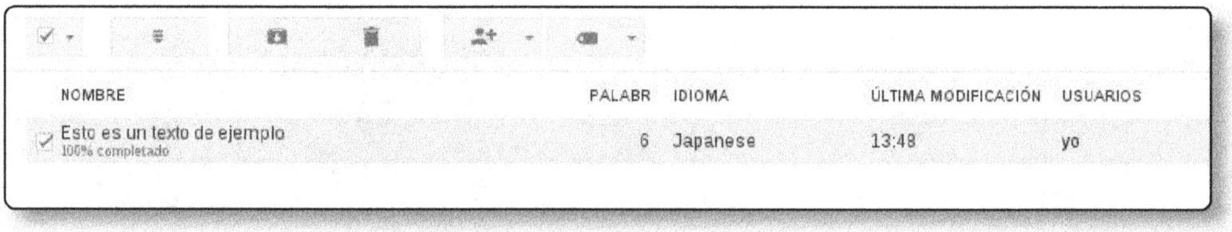

Figura 3.22. Opciones del documento.

La idea a partir de ahora es traducir el documento, bien por nosotros mismos, o bien solicitando ayuda de usuarios de nuestra agenda. En la parte superior podemos:

▼ Descargar el documento.
▼ Ocultar el documento.
▼ Borrar el documento.
▼ Añadir a personas con quien compartir el documento.

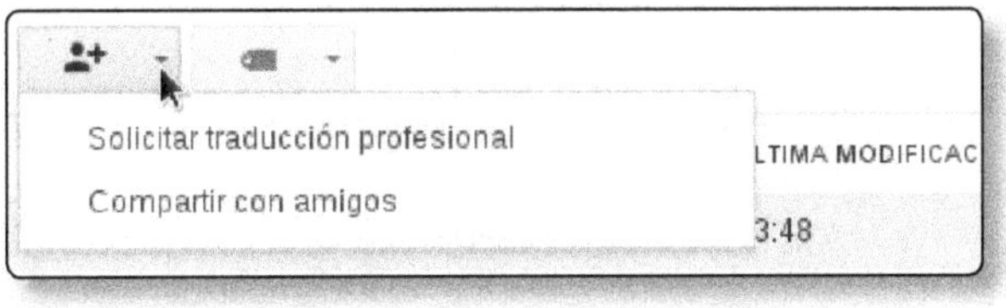

Figura 3.23. Opciones de compartición.

La **solicitud de traducción profesional** nos presentará presupuestos, mientras que en el caso de **compartir con amigos** podremos añadir otros usuarios y asignarle privilegios.

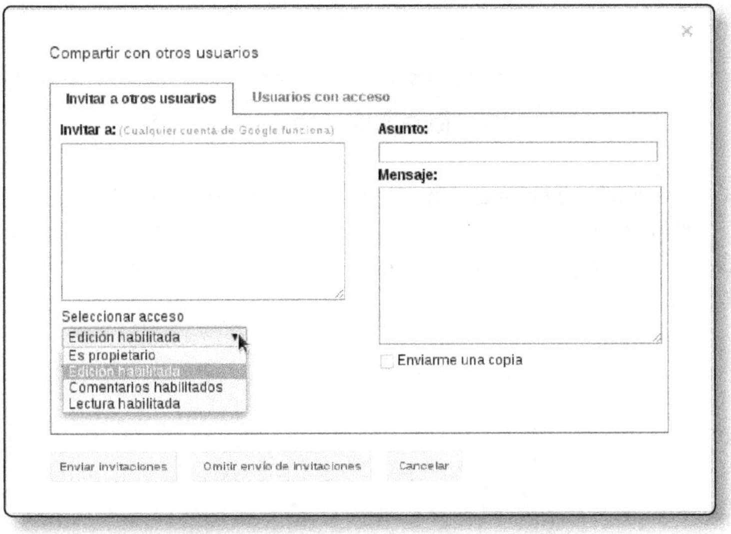

Figura 3.24. Compartir con otros usuarios.

▼ Etiquetar el documento para así poder clasificarlo.

3.5.3 Proceso de traducción

Pulsando sobre el documento, en la lista se nos mostrará el texto original y podremos editar la traducción por párrafo. Este trabajo, como hemos dicho puede ser cooperativo.

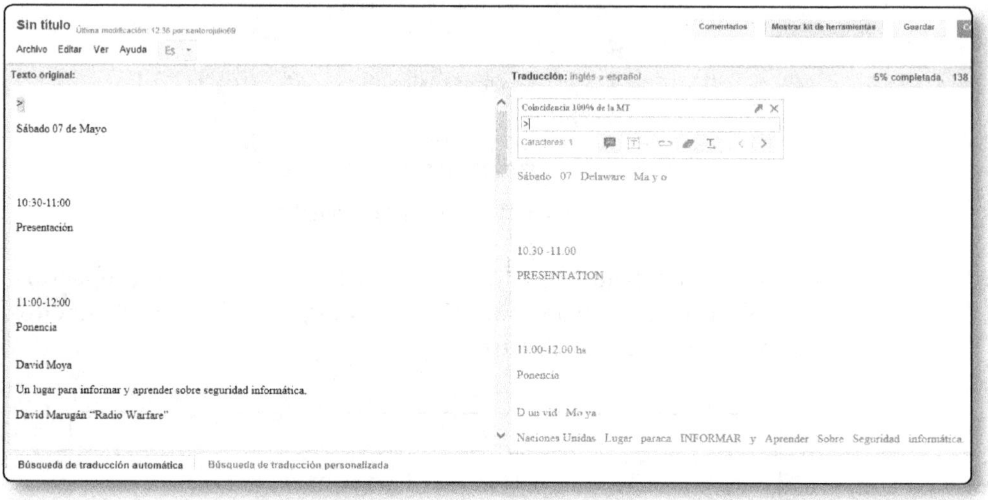

Figura 3.25. Proceso de traducción.

El menú superior es similar al de cualquier editor de textos pero simplificado. En la parte central tenemos el texto original a la izquierda y el traducido a la derecha. Por último, en la parte inferior tenemos opciones de uso de traducciones sugeridas o glosarios.

4

GOOGLE MAPS. RUTAS Y UBICACIÓN

Como hemos dicho en el inicio, también podemos trabajar con búsqueda de mapas y lugares concretos. Para ellos accederemos a **Google Maps**.

Si hemos introducido alguna palabra antes de pulsar sobre el enlace, se nos mostrará la ubicación de empresas u organismos públicos que tengan relación con ellas. Evidentemente, en esta aplicación web podemos hacer búsqueda de direcciones concretas con la intención de ubicarlas en el mapa.

4.1 ACCESO A GOOGLE MAPS

Para acceder a Google Maps lo haremos desde:

▼ Google Search: seleccionando **maps** en el menú superior que se ha mostrado en la imagen 2.19.

▼ Desde la dirección web *https://www.google.es/maps/*.

NOTA
La diferencia de acceso es que en el primer caso, si hemos introducido algo en el campo de búsqueda, se utilizará este contenido para buscar en Google Maps.

Figura 4.1. Google Maps.

4.2 CONSULTAR UN MAPA

Con Google Maps podemos realizar diferentes tipos de búsquedas asociadas a mapas:

▼ Localizar un mapa de un país, ciudad o pueblo concreto.

▼ Localizar negocios.

▼ Localizar direcciones concretas.

▼ Generar rutas por coche, andando, bicicleta o transporte público.

▼ Ver direcciones concretas como si estuviéramos dentro un coche gracias a Google View, una herramienta dentro de Google Maps.

NOTA

Google View nos presenta imágenes a pie de calle. Estas imágenes han sido tomadas desde un dispositivo montado en un coche o en una bicicleta.

En cualquier caso tenemos un Google Maps igual para todos los casos anteriores.

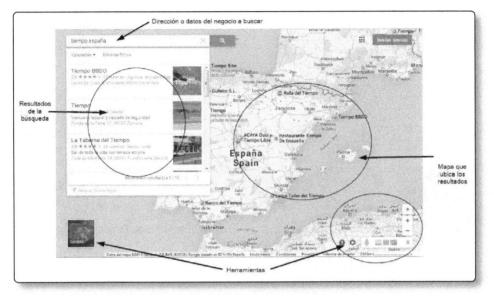

Figura 4.2. Partes de GoogleMaps.

Quizás lo más específico y que no entenderemos a priori sea el uso de las diferentes herramientas que Google Maps nos ofrece.

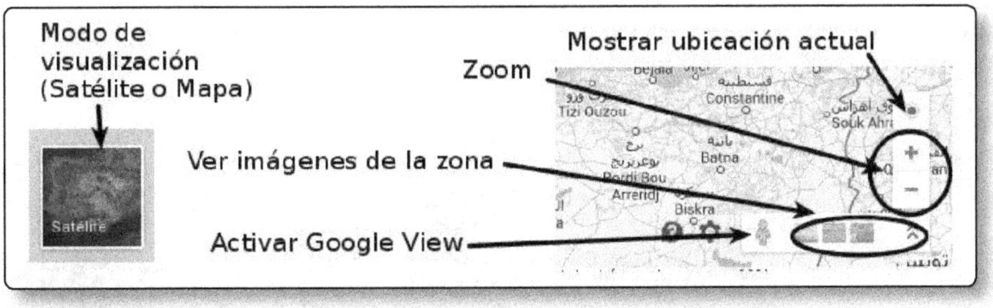

Figura 4.3. Herramienta de Google Maps.

El **modo de visualización** nos permite ver la vista satélite o en formato de un mapa clásico.

Para realizar una búsqueda simple, sólo tendremos añadir el nombre del país, ciudad, pueblo, dirección concreta o negocio en el formulario de búsqueda de Google Maps. Después de esto bastará con pulsar la tecla **Enter**.

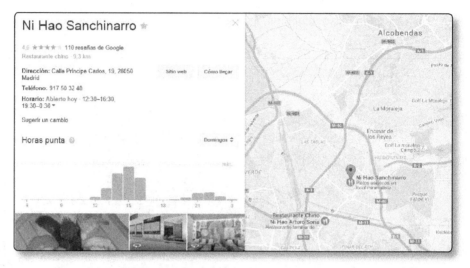

Figura 4.4. Resultado de una búsqueda de un lugar concreto en Google Maps.

4.2.1 Google View

Cuando realizamos una búsqueda de un lugar concreto, Google Maps nos presenta una opción en la que podremos trabajar con Google View.

Para poder utilizar esta herramienta lo que haremos es localizar la calle que queremos visualizar y arrastrar con el ratón sobre ella al hombrecito.

Figura 4.5. Google View, herramienta de Google Maps.

Las herramientas que Google View nos proporcionan son las mismas de las de Google Maps. Además podremos movernos en la dirección que queramos pulsando sobre el límite de la imagen que queramos, bien sea este el superior, inferior, derecho o izquierdo. Si queremos avanzar por el camino pulsaremos en el centro.

4.2.2 Calcular rutas en Google Maps

Buscar direcciones o negocios concretos no es lo único que nos permiten estas herramientas de mapas. Como se ha dicho en la introducción de este punto, también podemos calcular rutas con la intención de preparar itinerarios, bien sean estos en coche, andando o en transporte público.

Para preparar una ruta, buscaremos la dirección destino. De esta manera en la ventana de búsqueda se desplegará una herramienta no descrita antes.

Figura 4.6. Cómo llegar.

Pulsaremos sobre **Cómo llegar**, y en este momento se nos mostrará un formulario ampliado que nos solicitará el origen y el modo de llegar.

Figura 4.7. Menú de Cómo llegar.

Al pulsar en detalles se nos mostrará la ruta con el medio deseado y nos dará la opción de imprimirla.

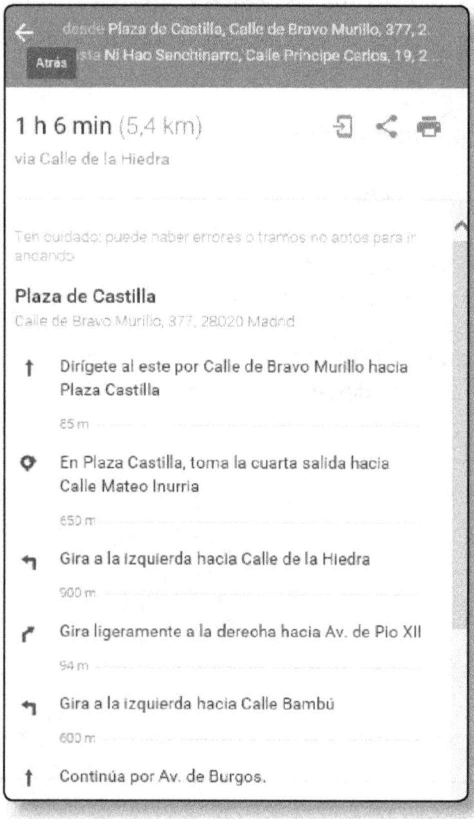

Figura 4.8. Detalle de la ruta.

4.3 AÑADIR NUESTRA UBICACIÓN

Si lo que queremos es localizar un negocio determinado, lo primero que tendremos que saber para su correcta localización es que dicho negocio haya sido inscrito.

Si el caso en este momento es que nosotros somos los propietarios del negocio, pues seremos nosotros los que tendremos que ingresarlo en Google Maps para que nos puedan localizar. Pero, ¿cómo hacemos esto? Lo primero que tendremos que hacer es acceder al área de empresas de Google a través de la dirección web *https://www.google.com/intl/es/business/*.

Figura 4.9. Página de Google para servicios de empresa.

En la página de servicios para empresas pulsaremos sobre la opción **Aparece en Google**, donde tendremos que validarnos con nuestra cuenta Google.

En el mapa de Google que se nos muestra, buscaremos el nombre de nuestra empresa que, lógicamente, no encontrará. En los resultados de búsqueda se mostrará, además de empresas que puedan coincidir parcialmente con el nombre dado, una opción de inclusión de empresas nuevas.

Figura 4.10. Resultados de búsquedas de empresas en el directorio de Google Maps.

Pulsaremos sobre **Añade tu empresa**, rellena el formulario que se muestra y al final aparece un dato que dice "**Ofrezco bienes y servicios en la ubicación de mis clientes**" en casos en los que la persona empresaria trabaje para el cliente desde la oficina y directamente en su casa. Además se recomienda:

► Teléfono: poner el teléfono principal (teléfono fijo preferiblemente, esto será mejor valorado por Google al tratarse de un servicio para empresas locales).

► Categoría: empieza a escribir y Google te ayudará autocompletando. La idea es que cuando se busque por esta categoría se muestre la empresa en cuestión.

Después de rellenar los datos de la empresa, verificaremos en el mapa de la derecha si está bien situada y, en caso contrario, la ubicaremos manualmente arrastrando con el ratón hasta la dirección exacta deseada. Tras finalizar, pulsaremos el botón **Enviar**.

Figura 4.11. Visualización de la ubicación tras rellenar el formulario.

NOTA

Puede ser que tras validar se nos muestre alguna empresa que comparte datos de ubicación con la nuestra. Si no es nuestra empresa pulsaremos sobre **Conservar la información que he introducido**.

Antes de entrar en la parte final del proceso, Google nos dirá que tiene que crear una página de **Google+** asociada a esta empresa. Para poder crearla deberemos indicar que **Tengo autorización para administrar esta empresa**.

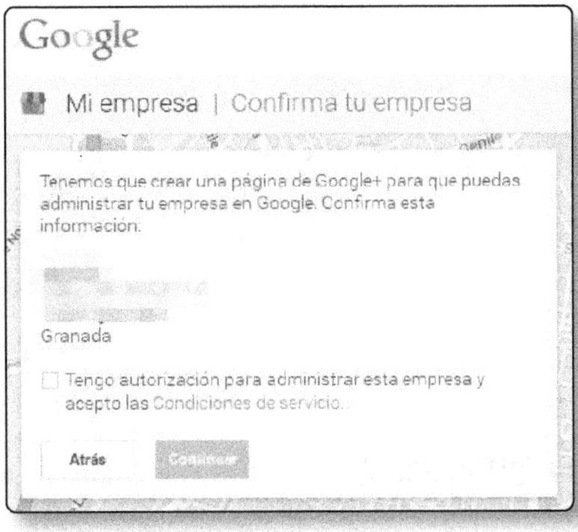

Figura 4.12. Creación de página de Google+ para la empresa.

Si todo ha ido bien, llegarás a una página donde te pregunta cómo validar la información. Últimamente Google sólo acepta una forma para validar tu información, y es a través del correo tradicional.

Google te enviará una carta a la dirección que hayas dado como dirección de tu empresa y en ella te enviará un PIN, un código que te hará falta introducir dentro del perfil de empresa que has creado para completar el registro.

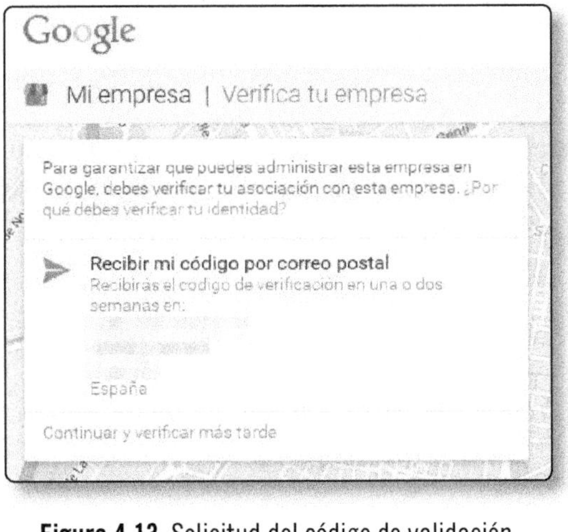

Figura 4.13. Solicitud del código de validación.

Esta carta puede tardar en llegar varias semanas ya que es un proceso manual. Una vez recibida la carta y tras introducir tu PIN, la ubicación pasará a estar activa en el plazo de aproximado de 24 horas.

NOTA
La visión de nuestra empresa en Google tiene mucho que ver con Google+, por lo tanto se recomienda leer este capítulo para poder ampliar la información de esta ubicación.

4.4 CREAR NUESTRO PROPIO MAPA

Hay veces que, por motivos varios, queremos crear un mapa en Google Maps que nos muestre una ruta. Véase el ejemplo de los grupos de *tracking,* que para mostrar los diferentes senderos caminados crean diferentes mapas.

NOTA
También existen varias herramientas creadas por Google para móviles que nos pueden ayudar en el proceso, memorizando la ruta mediante el uso del posicionamiento GPS. Podemos verlo en el capítulo de herramientas Google para dispositivos móviles.

Para crear estos mapas accederemos a Google Maps con la cuenta de Google. En el área de búsqueda, a la izquierda, aparece un icono con tres líneas. Pulsaremos sobre él para acceder al menú.

Figura 4.14. Menú de Google Maps.

Además de mostrarnos diferentes maneras de validación, podemos ver la opción **My Maps**, a través de la cual podremos crear nuestros mapas.

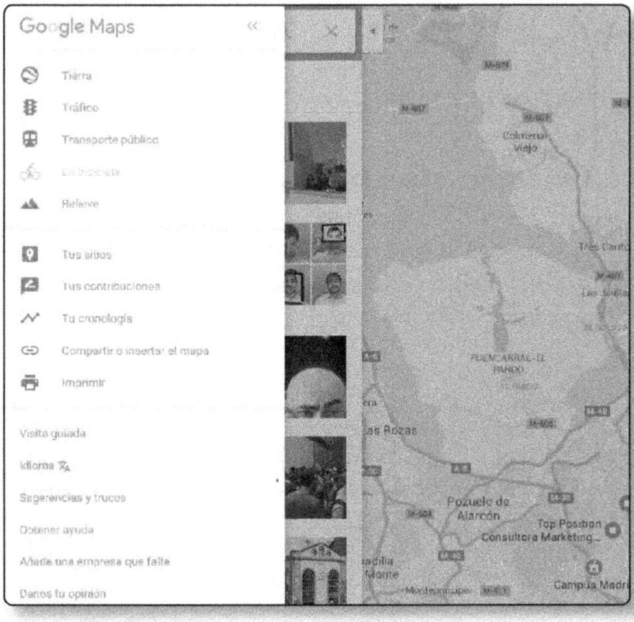

Figura 4.15. Opción de creación de nuevo mapa.

Evidentemente ahora toca pulsar sobre **Crear.** Se nos abrirá una nueva ventana o pestaña del navegador en el que podremos introducir los datos de nuestro nuevo mapa. Datos como el nombre que queremos darle o el modo de visualización del mismo.

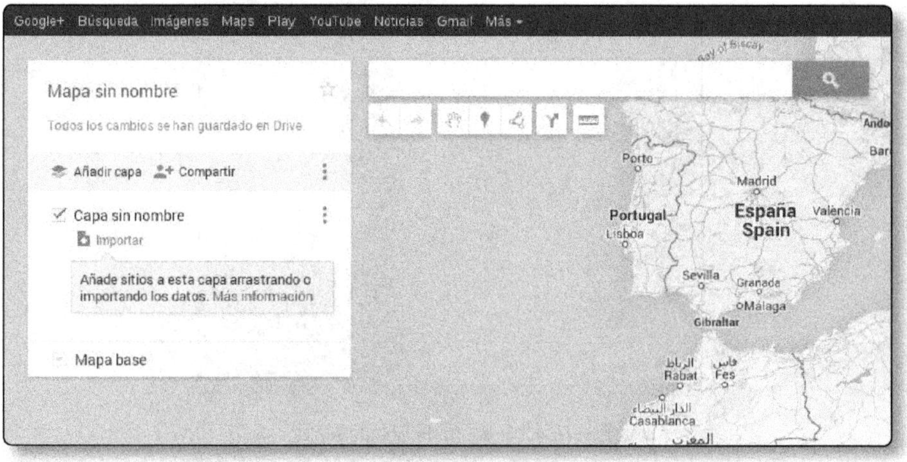

![Captura de pantalla de Google Maps mostrando la creación de un nuevo mapa sin nombre]

Figura 4.16. Datos para la creación del nuevo mapa.

NOTA

En la opción **Mapa base** podemos elegir mapas con estilos predefinidos, algo así como una plantilla.

Si hemos salido de la sesión, podremos acceder al mapa guardado al iniciar sesión nueva en Google Maps, donde se nos preguntará si queremos crear uno nuevo o abrir uno guardado en sesiones previas.

NOTA

Todos los mapas nuevos, o las modificaciones que hagamos, quedarán guardados automáticamente en Google Drive.

4.4.1 Detalles en la creación del mapa

En la imagen anterior hemos podido ver una serie de herramientas para el diseño de nuestro mapa personalizado. Estas herramientas sirven para:

▼ Administración de capas: en la parte superior izquierda podemos ver el nombre del mapa y una **capa sin nombre**; estas capas nos permiten generar elementos en diferentes niveles. La idea es que cada elemento nuevo que se añada y que veremos a continuación ocupe una nueva capa.

▼ Elementos que podemos añadir en el mapa: localizada la parte del mapa que queremos editar podremos hacer las siguientes cosas (e izquierda a derecha):

● Deshacer el último cambio.

● Rehacer el último cambio deshecho.

● Seleccionar elementos con la intención de modificarlos o arrastrarlos.

● Añadir nuevos marcadores en determinados puntos.

● Dibujar líneas. Las líneas se pueden dibujar de manera libre o siguiendo rutas a pie, en coche o bicicleta. Las opciones no libres se harán pulsando un origen y un destino. La ruta será calculada por Google Maps.

Figura 4.17. Opciones de dibujo de líneas.

- Añadir indicaciones. En este caso se nos pedirá que indiquemos el origen y el destino, así como el modo de transporte para que se nos calcule la ruta.

- Medir distancias y áreas. Aunque podemos hacernos una idea de las distancias mirando la proporción del mapa en la parte inferior derecha, lo cierto es que es más cómodo y sobre todo más exacto hacerlo usando esta herramienta.

4.5 COMPARTIR NUESTRO MAPAS

Cuando tengamos creado el mapa podremos dejarlo disponible para nosotros de manera exclusiva, sin hacer nada, o ponerlo a disposición de más usuarios.

Para compartir nuestro mapa, lo haremos desde el menú de la izquierda. Como podemos observar hay una opción que pone **Compartir**. Las opciones de compartición son las mismas explicadas en el capítulo dedicado a Google Drive, por lo que redirigimos al lector que tenga interés en ello a que lea dicho capítulo.

NOTA
Si lo que queremos es compartir una ubicación, lo haremos de similar manera que en el punto 4.6.2, sólo que pulsaremos sobre la pestaña **Compartir enlace**.

4.6 PUBLICAR NUESTRO MAPA EN UN PORTAL WEB O BLOG

Si queremos compartir mapas en un Blog o Web, deberemos tener claro el tipo de mapa que queremos publicar ya que, dependiendo de esto, se publicará de una manera o de otra.

NOTA
Para todos los casos de compartición tendremos que saber algo de programación HTML a nivel básico.

4.6.1 Publicar nuestro mapa personalizado

Para publicar este tipo de mapas lo haremos de manera pública, accederemos a ella con la sesión cerrada y en el menú de la izquierda veremos que hay en la parte superior opciones de compartición.

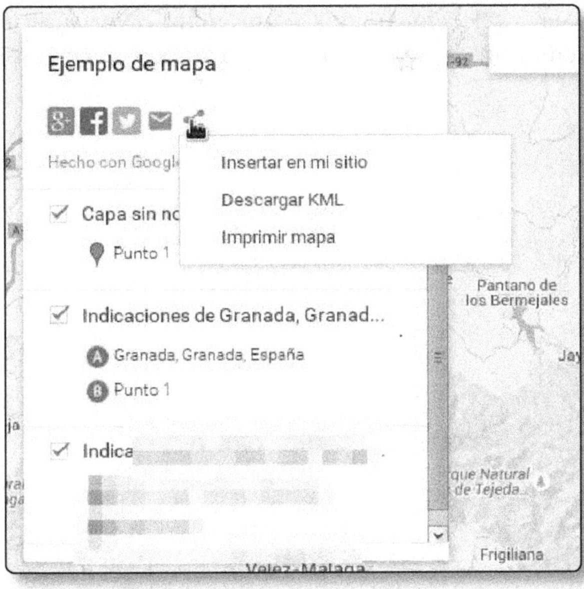

Figura 4.18. Obtención del código para insertarlo en nuestra web o blog.

Ya sólo queda seleccionar **Insertar en mi sitio web** y el código que se nos muestra lo copiaremos y lo pegaremos en la ubicación deseada de nuestra web.

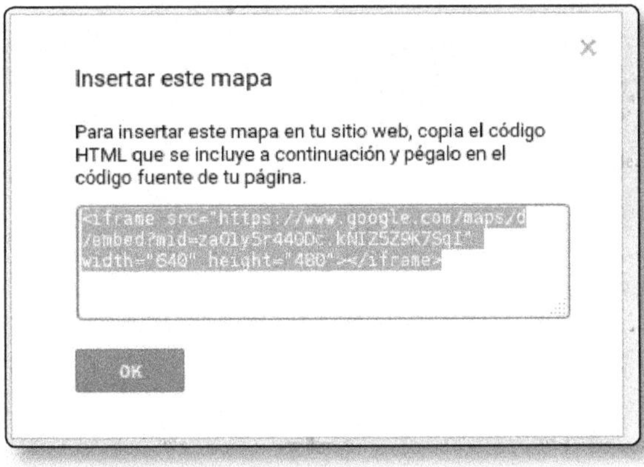

Figura 4.19. Código para la compartición.

4.6.2 Publicar una ubicación concreta

En este caso lo único que tendremos que hacer es ir a Google Maps, localizar la ubicación a compartir y seleccionaremos el menú pulsando sobre las tres líneas que se nos muestran en la parte superior izquierda.

En este menú seleccionaremos **Compartir o insertar mapa**, y de esta manera conseguiremos un código similar dentro de la pestaña **Insertar mapa**.

5

GOOGLE CALENDAR. AGENDA EN LÍNEA

Desde Google Calendar podemos, gracias a Google, centralizar nuestra agenda y hacerla pública con otros usuarios. Es una buena herramienta con la que trabajar si, por ejemplo, vamos a trabajar en grupo y necesitamos saber el plazo de entrega de cada una de las partes.

Pero entonces, y a modo de resumen previo, ¿qué se puede hacer con Google Calendar?:

▶ Compartir la agenda: como hemos dicho, podemos compartir la agenda con otros usuarios, de manera que estos usuarios puedan ver nuestros compromisos y que puedan editarlos.

▶ Acceder a ella desde cualquier lugar: gracias al sistema de sincronización y el uso de aplicaciones desarrolladas para dispositivos móviles, podremos llevar la agenda proporcionada por Google Calendar siempre con nosotros.

▶ Recordar eventos: no sería una agenda totalmente útil si no pudiéramos tener avisos cuando lleguen eventos importantes.

▶ Invitaciones: como va a ocurrir con muchas de las herramientas proporcionadas por Google, podremos gestionar invitaciones de acceso al calendario.

▶ Impresión del calendario: por último, podremos imprimir el calendario total o parcialmente.

� Gracias a su integración con Google Gmail, las reservas de vuelos, restaurantes y demás que obtengas mediante correo electrónico, serán añadidas automáticamente.

▶ Aviso de las fiestas principales del país de registro.

5.1 ACCESO A GOOGLE CALENDAR

Como todas las herramientas de Google, esta también tiene su acceso a través de una dirección web, aunque no es la única manera. También podemos acceder a ella desde el menú de herramientas del usuario de Google que hemos descritos brevemente en la imagen 1.5 del capítulo 1.

La dirección web de la que hablábamos para acceder directamente es *https:// www.google.com/calendar* donde podremos validar nuestra cuenta de Google para acceder.

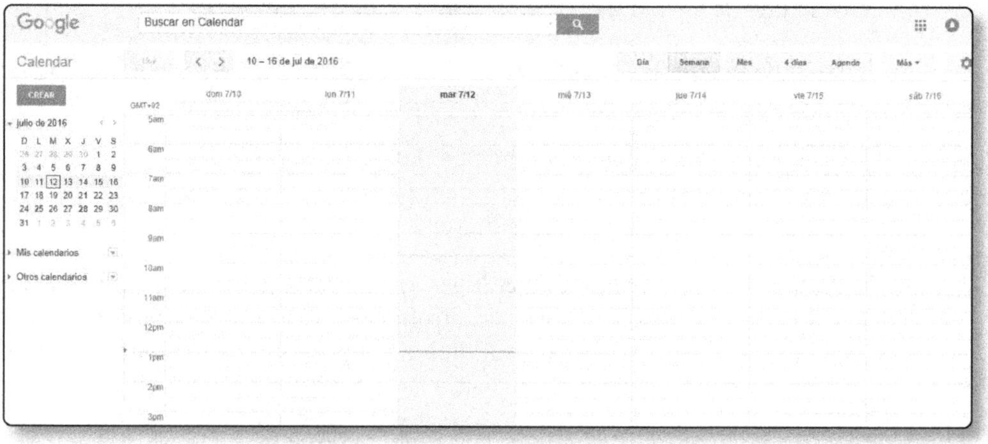

Figura 5.1. Google Calendar recién accedido.

5.2 CONFIGURACIÓN GENERAL

Para acceder a la configuración del calendario pulsaremos sobre la tuerca que aparece en la parte superior izquierda, con lo que se nos desplegará una serie de opciones relacionadas con dicha configuración.

Figura 5.2. Menú de configuración.

En este menú podremos:

▼ Decidir la vista del calendario.

▼ Acceder al menú de configuración avanzado, en el que se puede modificar aspectos como el formato de fecha o país del que queremos que se tengan en cuenta las fiestas.

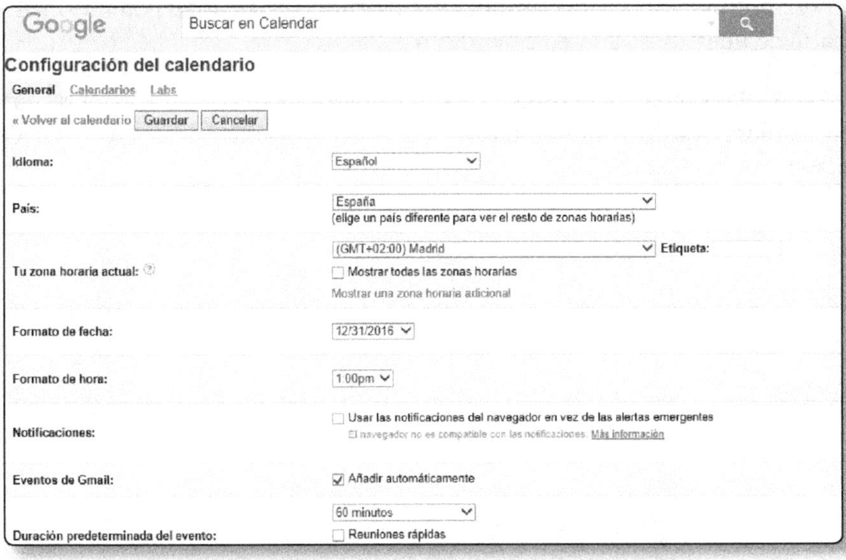

Figura 5.3. Opciones de configuración del calendario activo.

En este apartado tenemos:

- Eventos Gmail: es el que permite que se añadan a Google calendar el aviso de reserva obtenido mediante correo en Google Gmail.

- Calendario alternativo: nos permite que el calendario sea mostrado y configurado como un calendario especial, tal como el calendario chino.

 NOTA
Más elementos de configuración los podemos encontrar en la opción de configuración que se ve en la imagen 5.4 presente en el siguiente punto del capítulo.

5.3 CREAR UN CALENDARIO

El uso de Google Calendar no se restringe a un solo calendario. Podemos crear más de uno con la intención de compartirlos con diferentes grupos. Por ejemplo, crearemos un calendario laboral que compartiremos con compañeros de trabajo y un calendario de eventos de fiesta que compartiremos con los amigos. Así mismo, podremos participar en otros calendarios que se compartan con nosotros y que serán parte de nuestro listado de calendarios.

Para crear nuevos calendarios pulsaremos sobre la flechita que aparece a la izquierda de **Mis calendarios** y en el desplegable que aparece seleccionaremos **Crear un calendario**.

Figura 5.4. Creación nuevo calendario.

Para que la creación de este nuevo calendario sea efectiva necesitaremos completar los datos de un formulario.

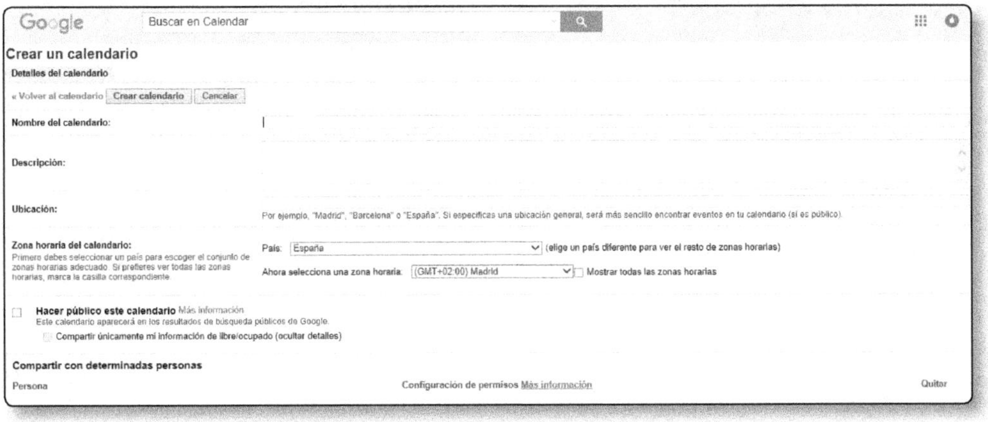

Figura 5.5. Datos para la creación nuevo calendario.

Además de datos concretos de configuración del mismo, tales como el nombre, la descripción o la zona horaria, podemos compartir este calendario nada más crearlo. También podemos hacerlo público de manera que todo el mundo con o sin cuenta de Google puedan verlo.

> **NOTA**
>
> Si lo hacemos público, se verán todos los eventos que tengamos inscritos. Si queremos que la información pública se limite a si estamos o no ocupados en ese momento, marcaremos la opción que aparece debajo **Compartir únicamente mi información de libre/ocupado (ocultar detalles).**

Sólo nos quedará pulsar en **Crear calendario** y de esta manera se unirá a la lista de calendarios que aparecerán en **Mis calendarios**.

5.4 CREAR Y MODIFICAR EVENTOS

Para crear un evento en un día y hora determinado nos pondremos sobre la hora de inicio del evento en la hora indicada y haremos clic en el botón del ratón sobre ella.

Así se nos mostrará un desplegable en el que podremos poner el texto del evento.

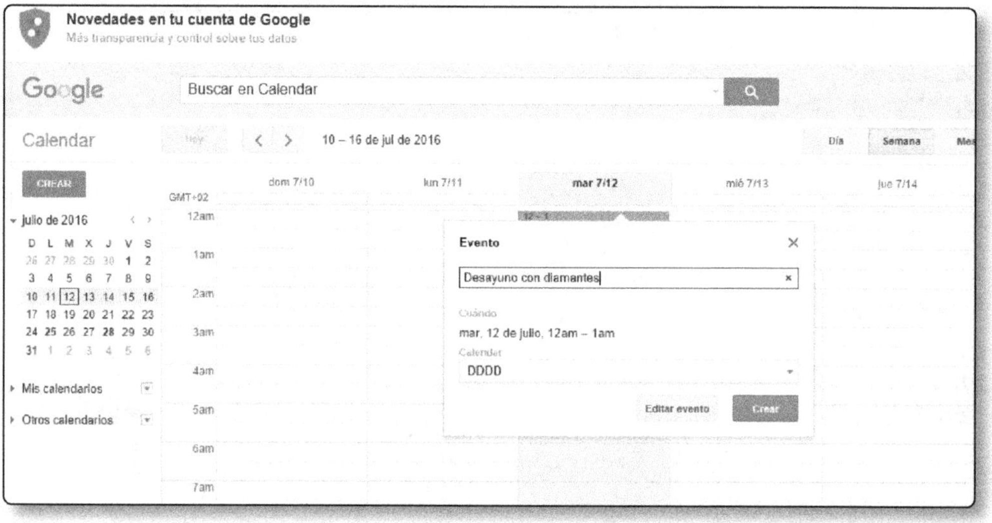

Figura 5.6. Creación del nuevo evento.

Una vez hecho tendremos dos opciones:

1. Pulsar sobre **crear evento**. De manera que a esa hora quedará asignado dicho cita.

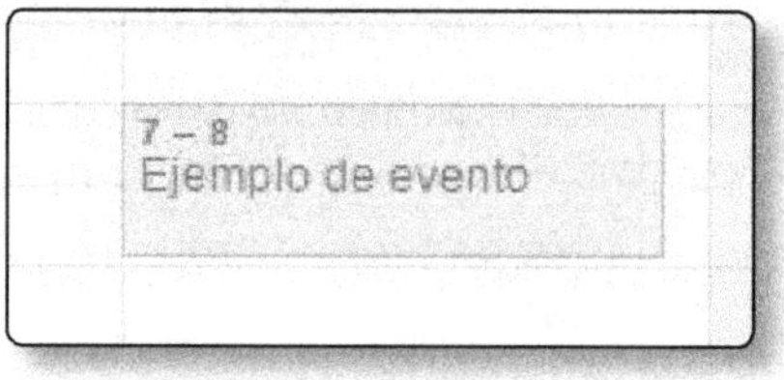

Figura 5.7. Evento creado.

2. Pulsar sobre **editar evento**. Con la intención de que se nos muestren la opciones avanzadas del evento a crear. En estas opciones podremos asignar rango en el que esta cita o evento tendrá efecto, cambiar el color de fondo del mismo, generar notificaciones, adjuntar documentos, compartir el calendario con unos privilegios concretos y decidir la visibilidad del mismo.

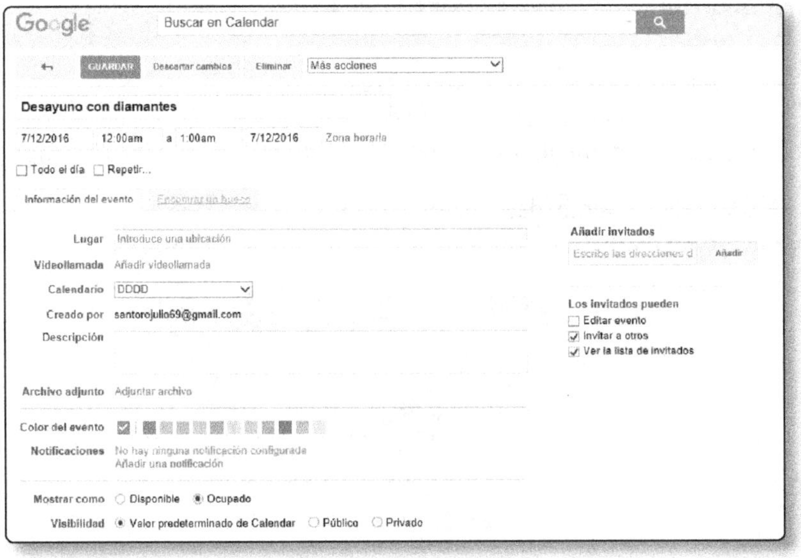

Figura 5.8. Opciones avanzadas del evento.

Si por el contrario, lo que queremos es modificar un evento ya creado, pulsaremos sobre el mismo de manera que se nos mostrarán dos opciones: **borrar** y nuevamente **editar evento**.

NOTA

Una vez creado el evento podemos ampliar la duración del mismo arrastrando desde la parte inferior y haciendo tan grande, en relación al tiempo que durará, como nos interese.

5.5 NOTIFICACIONES DE LOS EVENTOS

Hasta hace poco (3 de Julio del 2015), Google ofertaba entre otras maneras de notificación el aviso por SMS. Desde esta fecha este medio ya no está disponible. Es lógico si tenemos en cuenta los actuales dispositivos telefónicos inteligentes.

Desde la fecha indicada, Google Calendar notifica los eventos mediante una ventana emergente en dichos dispositivos o bien mediante un correo electrónico.

Figura 5.9. Aviso de evento en Android.

Para activar este sistema de notificaciones acudiremos al modo de edición del evento, y donde pone **Notifications** seleccionaremos el modo de notificación y el tiempo de recuerdo.

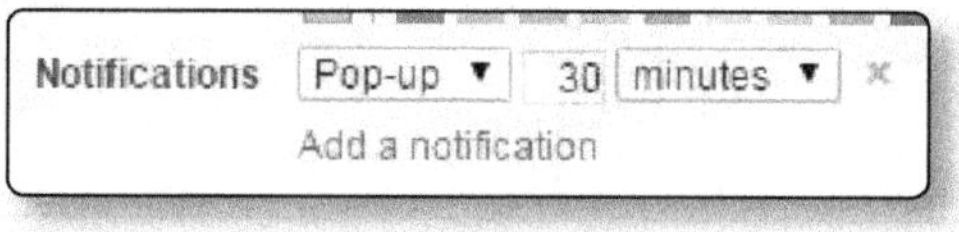

Figura 5.10. Inserción de notificación en el evento.

5.6 VISTAS DE CALENDARIO

El tener una agenda hace que en algunos momentos necesitemos ver de manera global qué tenemos que hacer en un periodo de tiempo, con la idea de poder organizarnos mental, laboral y personalmente.Pues bien, Google Calendar nos ofrece un modelo de vistas que se agrupará el día actual, la semana, el mes, los cuatro siguientes días o la agenda al completo. Las opciones de visualización las tenemos en la parte superior izquierda.

Figura 5.11. Menú de las diferentes vistas de Google calendar.

En las siguientes imágenes podemos ver cómo queda cada una de las visualizaciones.

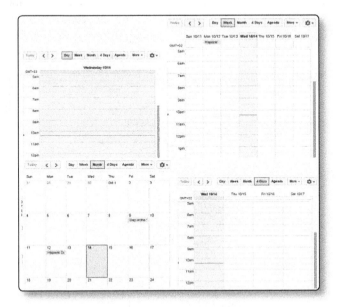

Figura 5.12. Las diferentes vistas de Google calendar.

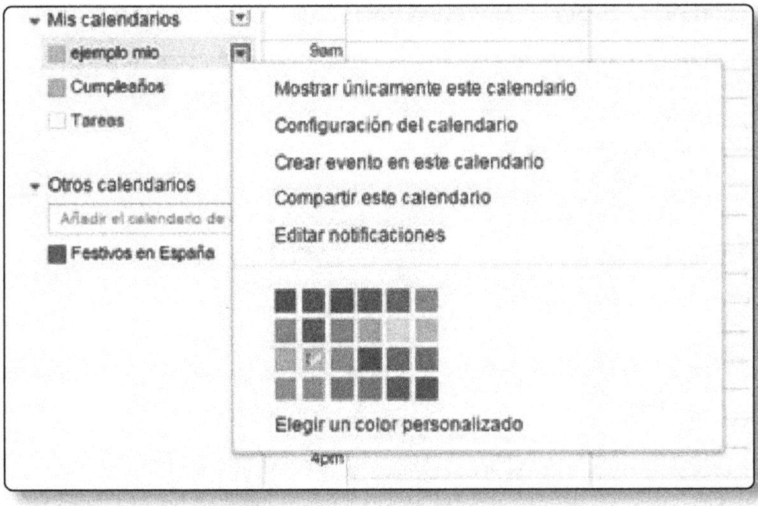

Figura 5.13. La vista Agenda de Google calendar.

5.7 COMPARTIR EL CALENDARIO

Compartir el calendario creado con otros usuarios es fácil, solamente tendremos que pinchar sobre el calendario que queremos compartir de entre los listados en la parte derecha, y en el desplegable que nos aparece pulsaremos **Compartir este calendario**.

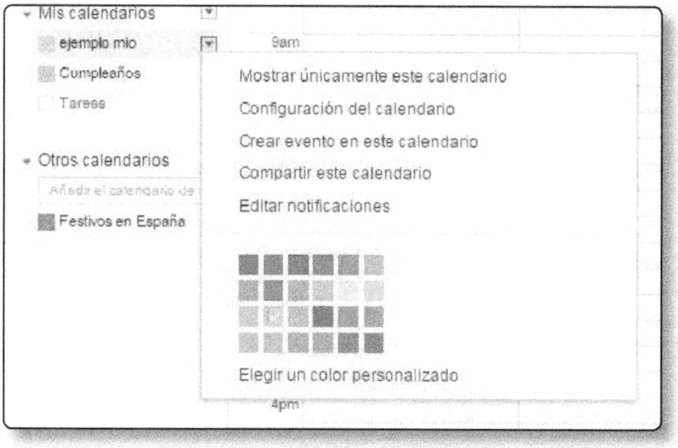

Figura 5.14. Compartir calendario.

Entre las opciones de compartición podemos seleccionar si queremos hacer público el calendario o, por el contrario queremos limitar el acceso.

Figura 5.15. Opciones de compartición del calendario.

5.8 OTRAS FUNCIONALIDADES

5.8.1 Laboratorio de ideas

Como en muchas de las aplicaciones de Google, en esta también se nos ofrecen una serie de herramientas nos incorporadas a Google calendar por defecto. Tendremos que activarlas según nos interesen o no. Para acceder a ellas pulsaremos sobre la tuerca que aparece en la parte superior derecha. Lo podemos ver en la imagen 5.2 de este capítulo.

Esta opción nos llevará al laboratorio donde encontraremos las diferentes herramientas disponibles. Simplemente tendremos que **habilitar** las deseadas.

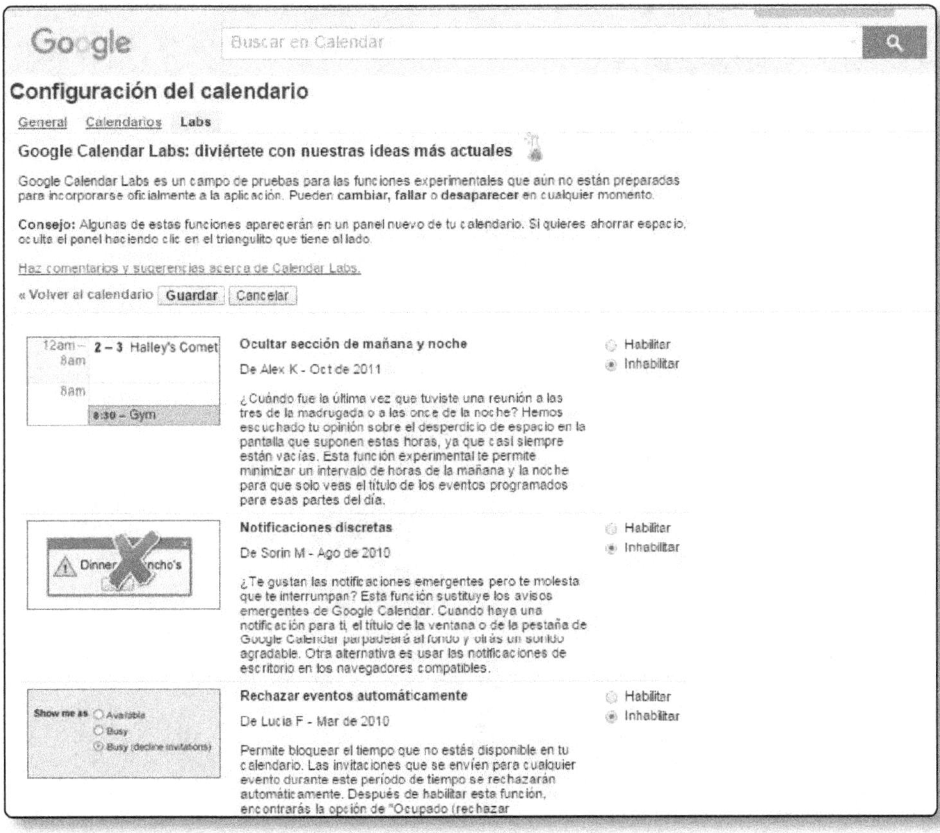

Figura 5.16. Laboratorio Google calendar.

6

GOOGLE DOCS. DOCUMENTOS EN LÍNEA

Es evidente para cualquier empresa que, si lo que quiere es poder trabajar en la nube con todos sus datos y poder compartir o coeditar documentos, necesitará una suite de oficina que le ofrezca la posibilidad de crear dichos documentos.

Google también pensó en ello y puso a nuestra disposición Google Docs, que nos permite trabajar con un conjunto de documentos de formatos distintos de oficina tales como:

▼ Documentos de Google, desde donde podremos trabajar con un procesador de textos compatible con los principales formatos.

▼ Hojas de cálculo de Google, similar a Microsoft Excel o Calc de LibreOffice.

▼ Presentaciones de Google, generador de presentaciones al estilo Microsoft Powerpoint o Impress de LibreOffice.

▼ Formularios de Google, herramienta independiente de las anteriores que nos permite crear formularios online con la intención de poder recoger estadísticas, que posteriormente podremos tratar en las hojas de cálculo.

6.1 ACCESO A GOOGLE DOCS

La dirección web desde donde acceder directamente con nuestra cuenta de Google es *https://docs.google.com*.

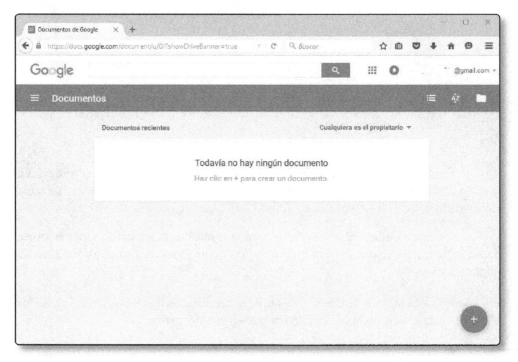

Figura 6.1. Google Docs recién accedido.

6.2 CREAR Y SUBIR DOCUMENTOS

Para crear documentos tendremos que pulsar sobre el icono con 4 rayas horizontales que aparece en la barra azul en la parte superior. Nos aparecerá un menú sobre el que podemos elegir qué tipo de documento queremos crear. Sólo faltará que pulsemos sobre el botón con el símbolo + para que, una vez abierto, podamos trabajar con la herramienta concreta.

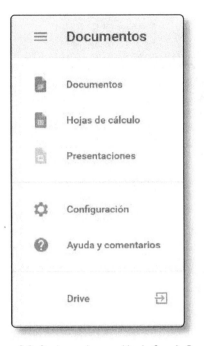

Figura 6.2. Opciones de creación de Google Docs.

Como podemos ver en la imagen, también podemos acceder desde aquí a nuestro Google Drive (espacio de almacenamiento virtual) desde donde se accederá los documentos y donde se guardarán.

La opción de configuración es muy limitada, reduciendo sus opciones a elegir el idioma con el que estamos trabajando y escribiendo los documentos, y a decidir si queremos que los controles se nos muestren siempre de derecha a izquierda.

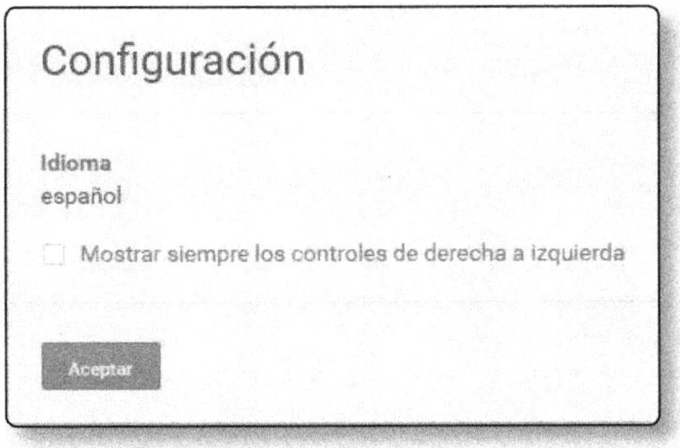

Figura 6.3. Configuración de Google Docs.

NOTA

Si queremos crear un nuevo documento de cualquiera de los tipos indicados en Google Docs, basado en plantillas públicas usadas libremente, lo podemos hacer en cualquiera de las aplicaciones, desde la opción **Archivo > Nuevo > Desde plantilla**.

6.2.1 Subir Documentos

La subida de documentos avanzada para editarlos desde las aplicaciones de oficina para Google, se lleva a cabo desde Google Drive. Por lo tanto, será explicado en detalle en el capítulo dedicado a tal fin.

6.3 EDICIÓN DE DOCUMENTOS EN LÍNEA

Bien por creación nueva de documento, o bien porque abramos un documento ya presente en nuestro Google Drive tenemos una serie de herramientas similares a las de los principales editores.

NOTA

Los cambios de Google Docs serán guardados cada poco tiempo de manera automática en Google Drive.

6.3.1 Herramientas Documentos Google

Figura 6.4. Documentos Google.

NOTA

Tanto en documentos como en presentaciones, como en las hojas de cálculo, podemos acceder a la herramienta de edición de documentos de Google y a las herramientas complementarias desde la opción **Insertar**.

Insertar	Formato	Herramientas	Tabla	C
🖼 Imagen...				
🔗 Enlace...		Ctrl+K		
π² Ecuación...				
▣ Dibujo...				
Tabla		▸		
🗊 Comentario		Ctrl+Alt+M		
Nota a pie de página		Ctrl+Alt+F		
Ω Caracteres especiales...				
— Línea horizontal				
Número de página		▸		
Número de páginas				
⬚ Salto de página		Ctrl+Intro		
Encabezado	Ctrl+Alt+O	Ctrl+Alt+H		
Pie de página	Ctrl+Alt+O	Ctrl+Alt+F		
Marcador				
Índice				

Los elementos que podemos insertar son:

- Un dibujo
- Una ecuación
- Un enlace

6.3.2 Herramientas Hoja de Cálculo de Google

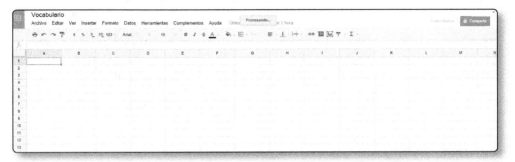

Figura 6.5. Hojas de Cálculo de Google.

6.3.3 Herramientas para Presentaciones de Google

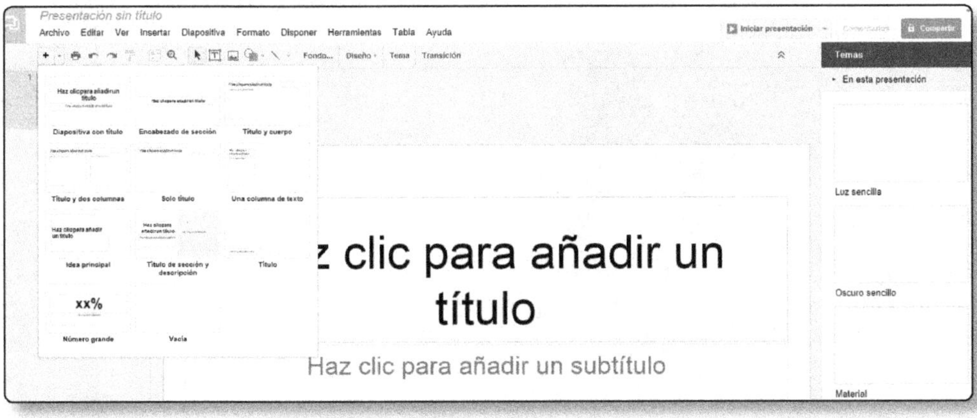

Figura 6.6. Presentaciones de Google.

Como podemos ver en este caso, se nos muestra a la derecha diferentes temas predefinidos que podemos utilizar como base en nuestra nueva presentación.

6.4 COMPARTIR DOCUMENTOS

Para poder hacer que otros usuarios puedan acceder al documento que estamos creando, con la intención de que estos usuarios puedan editarlo o bien simplemente verlo, accederemos a **Archivo > Compartir**. En la parte inferior derecha podemos pulsar **Avanzado** para ver las opciones completas de compartición.

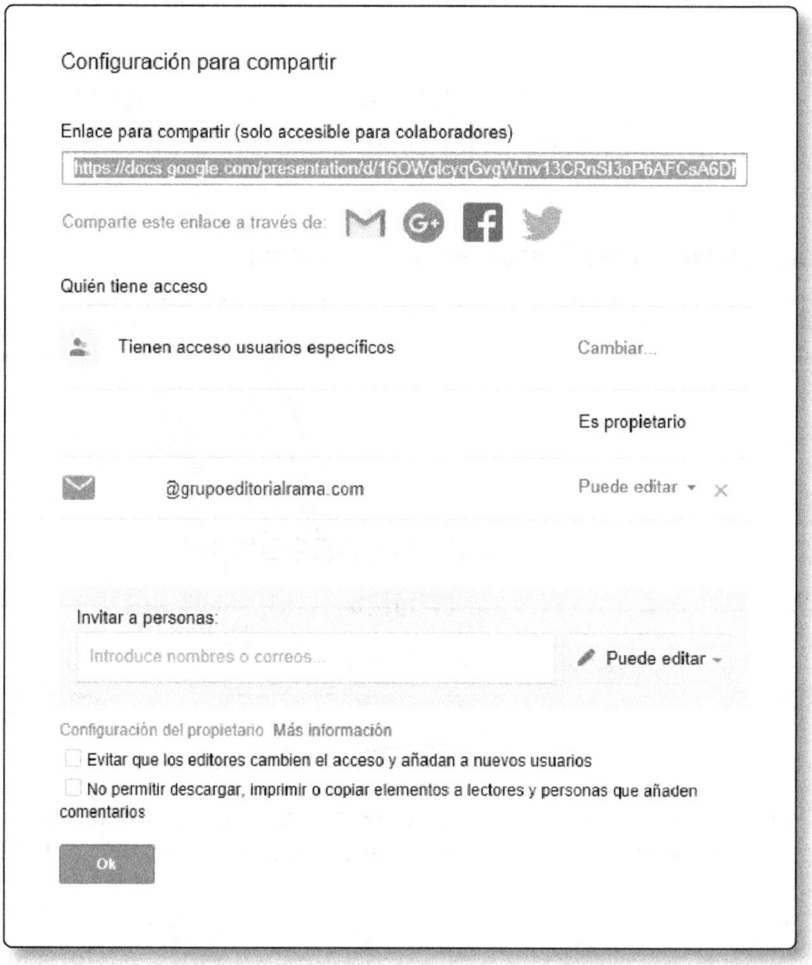

Configuración para compartir

Enlace para compartir (solo accesible para colaboradores)

https://docs.google.com/presentation/d/16OWqlcyqGvgWmv13CRnSI3oP6AFCsA6D

Comparte este enlace a través de:

Quién tiene acceso

Tienen acceso usuarios específicos   Cambiar...

Es propietario

@grupoeditorialrama.com   Puede editar ▾ ✕

Invitar a personas:

Introduce nombres o correos...   ✏ Puede editar ▾

Configuración del propietario   Más información
☐ Evitar que los editores cambien el acceso y añadan a nuevos usuarios
☐ No permitir descargar, imprimir o copiar elementos a lectores y personas que añaden comentarios

Ok

Figura 6.7. Compartir documento de Google Docs.

Desde arriba hasta abajo vemos diferentes espacios ordenados por diferentes áreas:

▼ Enlace para compartir: este enlace hace que los usuarios a quien se lo enviemos puedan acceder al contenido, siempre y cuando se lo hayamos compartido antes. Además, podemos compartir no sólo a través Google, sino también a través de las principales redes sociales de carácter generalista.

▼ Quièn tiene acceso: podemos seleccionar cómo es el archivo en cuestión identificándolo como:

- Privado: indicando qué usuarios pueden acceder.

- Público total: cualquier usuario puede acceder al archivo desde Internet, de manera que es público con la web.

- Público para cualquier usuario que reciba el enlace indicado en el punto anterior.

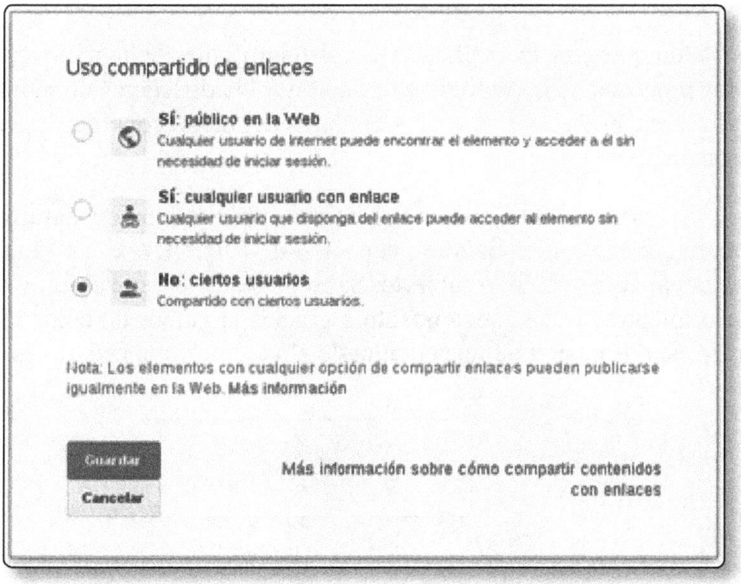

Figura 6.8. Uso compartido de enlaces en Google Docs.

▸ Invitar a personas: se introducirá el correo de Google Gmail de todos y cada uno de los usuarios con quien queremos compartir.

▸ Configuración del propietario: igualmente en este caso se encuentran diferentes opciones:

- Evitar que los editores cambien el acceso y añadan a nuevos usuarios: los usuarios con los que compartimos son colaboradores, pero no gestores.

- No permitir descargar, imprimir o copiar elementos a lectores y personas que añaden comentarios. Todas las opciones para descargar, imprimir o copiar archivos o carpetas desaparecerán.

6.5 EDICIÓN COLABORATIVA DE DOCUMENTOS

Aunque con lo explicado en el punto anterior tenemos ya opciones para generar procesos colaborativos en relación a los diferentes documentos creados en Google Docs, pode hacer uso de elementos del menú concretos para ampliar dichas funcionalidades.

Lo primero que podemos observar es que cuando hemos compartido un documento con alguien, dándole permisos de edición, podrá e4ditar en tiempo real el documento que tengamos abierto. Sabremos que lo tiene abierto y por tanto puede editarlo mientras lo hacemos nosotros gracias al cursor de color que aparece en la pantalla. Si nos posicionamos encima de él veremos que usuario es.

Figura 6.9. Documento colaborativo en el que está escribiendo David Rsm.

Además de esta característica, podemos ver en la parte superior derecha que aparecen diferentes vínculos entre los que destacan los iconos de los usuarios colaboradores con una raya inferior del color asociado a él, excluyendo el del usuario logado, acceso al chat grupal y área de comentarios.

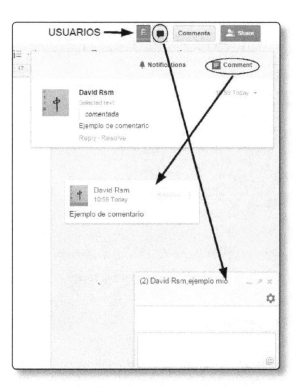

Figura 6.10. Herramientas colaborativas.

NOTA
Los comentarios quedarán asociados a la línea en la que nos encontremos en ese momento.

Por último, en este pequeño resumen de acciones colaborativas que podemos llevar a cabo en los documentos de Google Docs, tenemos la opción de ver cuáles son los cambios que se han realizado desde la última vez que se abrió el documento. Para ello accederemos a **Archivo > Ver historial de revisión**, y en el podremos ver los diferentes cambios y el historial de los mismos.

NOTA
Si queremos volver a un estado previo, pulsaremos sobre la revisión deseada a la derecha para que el cambio surta efecto.

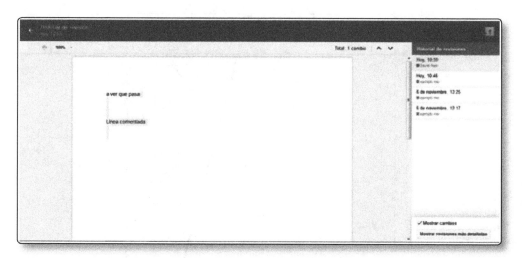

Figura 6.11. Revisiones del documento.

6.6 DESCARGAR DOCUMENTOS

Para descargar el documento creado en nuestro ordenador, pulsaremos **Archivo > Descargar como**, y en el desplegable veremos que podemos descargar en diferentes formatos, entre los que destacan los formatos compatibles con LibreOffice (OpenDocument) y con Microsoft Office.

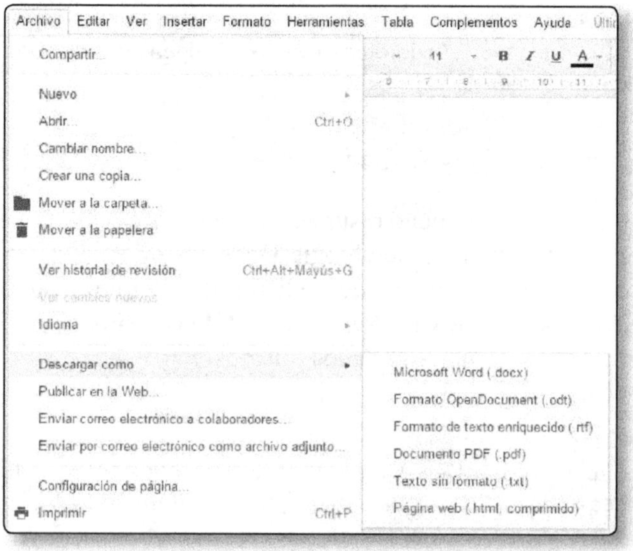

Figura 6.12. Formatos de descarga.

Los documentos guardados en nuestro ordenador en el formato deseado, se guardarán con el contenido completo del mismo, incluyendo comentarios.

6.7 SECRETOS DE GOOGLE DOCS

Para terminar de sacarle toda la funcionalidad a Google Docs podemos hacer uso de pequeños complementos y funciones:

▸ Búsqueda integrada: cuando estamos trabajando con un documento, hay ocasiones en las que necesitamos buscar algo en Google Search. Pues bien, podemos integrar esta búsqueda en la misma ventana evitando de esta manera tener dos pestañas o ventanas abiertas. Para ello, usaremos el conjunto de teclas **CONTROL+ALT+SHIFT+I**.

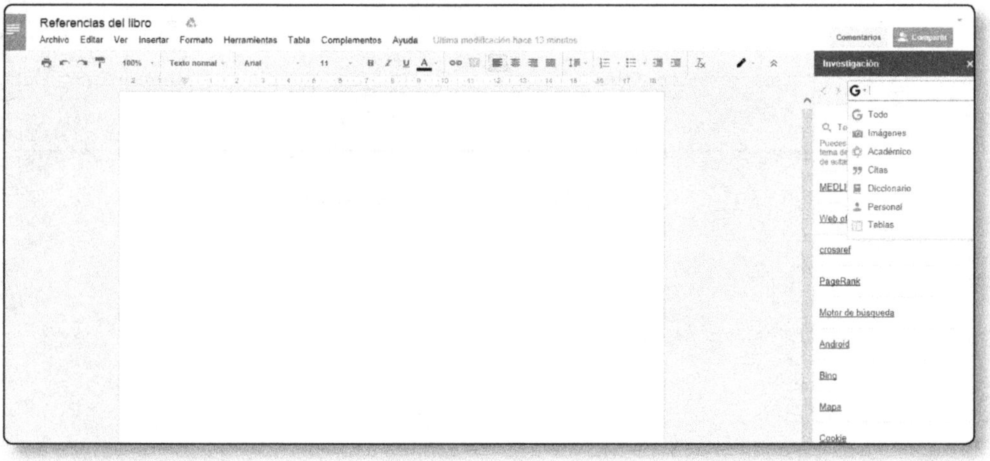

Figura 6.13. Búsqueda integrada.

6.8 HUEVOS DE PASCUA

Como en casi todas las aplicaciones, Google también ha incluido estas pequeñas aplicaciones y visualizaciones en Google Docs.

Algunas de ellas son:

▼ Hojas de Cálculo coloreadas con el arcoíris del orgullo gay: abre una nueva hoja de cálculo y teclear **PRIDE**, situando una letra por celda desde la primera y de esta manera aparecerá.

Figura 6.14. PRIDE en hojas de cálculo de Google.

7

PICASA. REPOSITORIO DE IMÁGENES EN LÍNEA

Si con Google Docs podemos crear documentos de diferente tipo en Internet, y podemos igualmente compartirlos con la idea de poder realizar un proceso colaborativo de desarrollo, con Picasa podemos hacer cosas similares, pero en este caso orientado a imágenes.

A modo de resumen, en Picasa podemos:

- Subir fotos a la red social Google+.
- Compartir las fotos en Google+.
- Etiquetar a nuestros amigos de Google+.
- Modificar las fotos dándoles efectos.

NOTA
Además de las funcionalidades expuestas de Picasa, podemos hacer uso también de los **álbumes web** de Picasa de manera que se pueda usar de manera similar a otras web de compartición de imágenes, tales como Flickr.

7.1 ACCESO A PICASA

Para acceder a Picasa se necesita que se instale una aplicación de Google en nuestro ordenador con la intención de poderle sacar partido a todas las funcionalidades indicadas. La descarga del software la podemos llevar a cabo desde la dirección web *https://picasa.google.com/*.

Figura 7.1. Web de descarga de Picasa.

El proceso de instalación es común al de cualquier otro programa.

7.2 PRIMER CONTACTO CON PICASA

Una vez instalado el software Picasa en nuestro ordenador, lo primero que tenemos que indicar es dónde están nuestras imágenes, decidiendo si Picasa busca todas las que pueda encontrar en el conjunto de nuestra máquina, o si solamente buscará en una determinada ruta limitada a las carpetas de Mis Documentos, Escritorio y Mis imágenes.

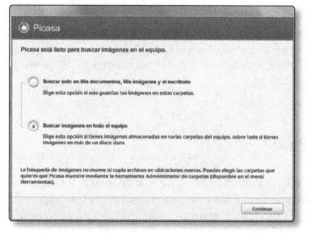

Figura 7.2. Primera búsqueda de imágenes de Picasa.

Lo segundo que nos preguntará es si queremos que Picasa sea el visor predeterminado de imágenes, y en caso positivo, qué formatos serán los que visualizará.

Figura 7.3. Selección de formatos de imagen a visualizar.

Por último, decidiremos si queremos que Google pueda contener una copia de seguridad de todas nuestras imágenes en Internet.

Tras la configuración podemos empezar a trabajar con Picasa.

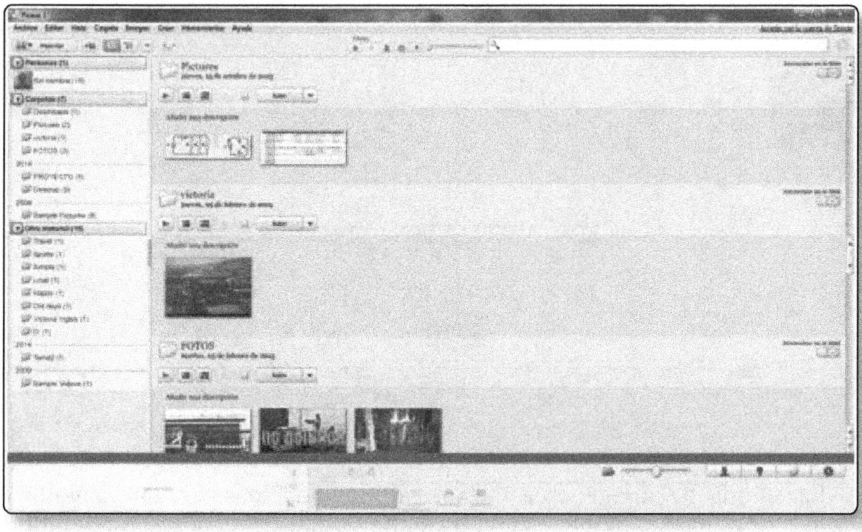

Figura 7.4. Picasa recién instalado y configurado.

NOTA

Para asociar nuestro trabajo local con nuestro álbum Picasa, tendremos que identificarnos con nuestra cuenta en el apartado superior izquierdo, donde pone **Acceder con tu cuenta de Google**.

Seleccionaremos la cuenta superior identificada con nuestros datos.

7.3 SUBIR FOTOS EN LÍNEA

NOTA

Es muy importante que antes de comenzar a subir imágenes a Picasa de Google, creemos un álbum web de Picasa. Para ello, accederemos a la dirección web *https://picasaweb.google.com* y entraremos con nuestra cuenta de Google.

Tras acceder a los álbumes de Picasa se nos solicitará que le pongamos nombre a nuestro perfil.

Ya podemos trabajar con Picasa sin problemas.

La subida de imágenes a nuestro álbum de Picasa es tan sencilla como seleccionar la imagen deseada de la pantalla principal y pulsar el botón **subir** asociado.

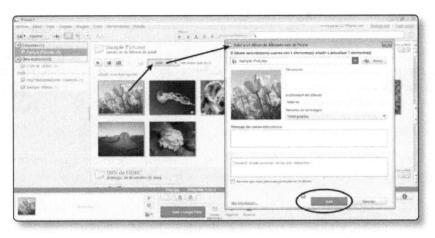

Figura 7.5. Subida de fotos a nuestro álbum de Picasa.

Las imágenes que hayamos subido al álbum de Picasa veremos que tiene una flecha que lo indica.

Figura 7.6. Identificación de imagen subida a nuestro álbum de Picasa.

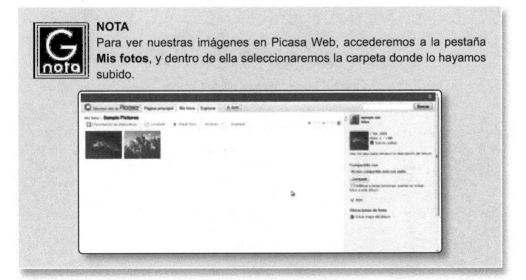

NOTA
Para ver nuestras imágenes en Picasa Web, accederemos a la pestaña **Mis fotos**, y dentro de ella seleccionaremos la carpeta donde lo hayamos subido.

7.4 ORGANIZAR NUESTRAS FOTOS EN PICASA

Contamos con que tenemos organizadas nuestras fotos en nuestro equipo. pero, ¿cómo las ordenamos para que queden ordenadas y clasificadas en nuestro álbum de Picasa y por tanto en Picasa?

7.4.1 Crear álbumes

Evidentemente, y como hemos dicho, para poder organizar nuestras imágenes necesitamos poder crear carpetas que nos ayuden a clasificar.

La creación de nuevos álbumes se encuentra en la barra superior. Tras pulsar el icono asociado a ello, rellenaremos los campos descriptivos. También podemos asociar un fichero de música para que se reproduzca cuando activemos la presentación.

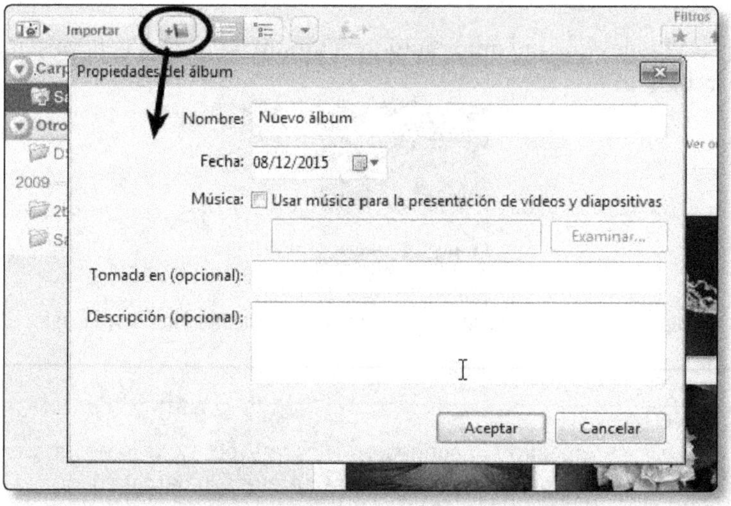

Figura 7.7. Creación de un álbum de Picasa.

NOTA
Cada vez que subimos una imagen nos preguntará donde queremos subirla. Si no decimos nada, se subirá a una carpeta con el mismo nombre con la que se encuentra en nuestro ordenador. Si no existiera, se crearía. ¡CUIDADO! Los álbumes son locales, hasta que no subamos su contenido a Picasa Web no se creará en nuestra cuenta de Google. Lo ideal es crear al menos uno y sincronizarlo, de manera que no toquemos las imágenes originales y así las podamos tener a salvo en caso de modificación no deseada.

También podemos crear el álbum desde **Archivo > álbum nuevo** o pulsando **Ctrl + U**.

7.4.2 Eliminar álbumes

Para eliminar el álbum creado pulsaremos botón derecho sobre su nombre y elegiremos **Eliminar álbum**.

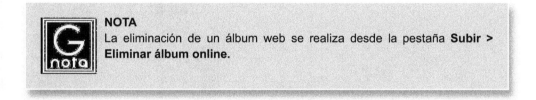

NOTA
La eliminación de un álbum web se realiza desde la pestaña **Subir > Eliminar álbum online.**

7.5 EDITAR NUESTRAS FOTOS

Picasa de Google no es sólo una herramienta con la que compartir y subir a la web nuestras imágenes, sino que también es un pequeño editor de estas y que nos permite aplicar filtros. ¿Qué podemos editar con Picasa?

� **Retoques habitualmente necesarios:** tales como recortes, quitar ojos rojos, contraste y color automáticos, insertar texto, entre otros.

Figura 7.8. Retoques habitualmente necesarios.

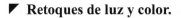

▸ **Retoques de luz y color.**

Figura 7.9. Retoques de luz y color.

▸ **Procesamiento de imagen útil y divertida**: efectos aplicados a la imagen seleccionada.

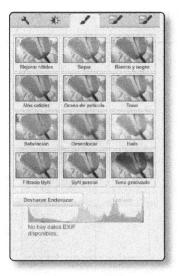

Figura 7.10. Procesamiento de imagen útil y divertida.

▼ **Procesamiento de imagen más divertido y útiles**: otra agrupación de efectos.

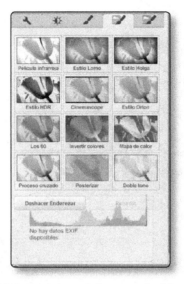

Figura 7.11. Procesamiento de imagen más útil y divertida.

▼ **Procesamiento de imagen aún más divertido y útil.**

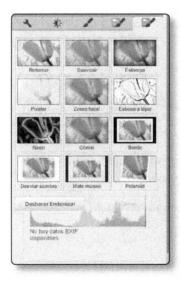

Figura 7.12. Procesamiento de imagen aún más útil y divertida.

El entorno de edición nos muestra las herramientas en la parte izquierda.

Figura 7.13. Entorno de edición de Picasa de Google.

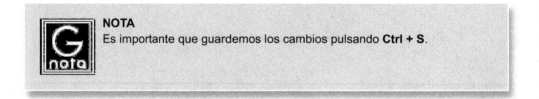

NOTA

Es importante que guardemos los cambios pulsando **Ctrl + S**.

7.6 SINCRONIZAR DATOS DE UN DETERMINADO ÁLBUM

Cuando tenemos un álbum creado, podemos sincronizarlo de manera que todos los cambios llevados a cabo dentro de él se trasladen automáticamente en el álbum que hemos creado en la web.

La sincronización la establecemos desde la pestaña **Subir > habilitar sincronización**.

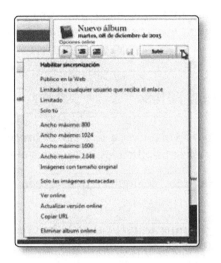

Figura 7.14. Creación de un álbum de Picasa.

7.6.1 Opciones de sincronización

Las opciones de sincronización no se reducen simplemente a activarla o desactivarla de manera absoluta. Podemos modificar ciertos parámetros seleccionando **Herramientas > Opciones > Álbumes web**.

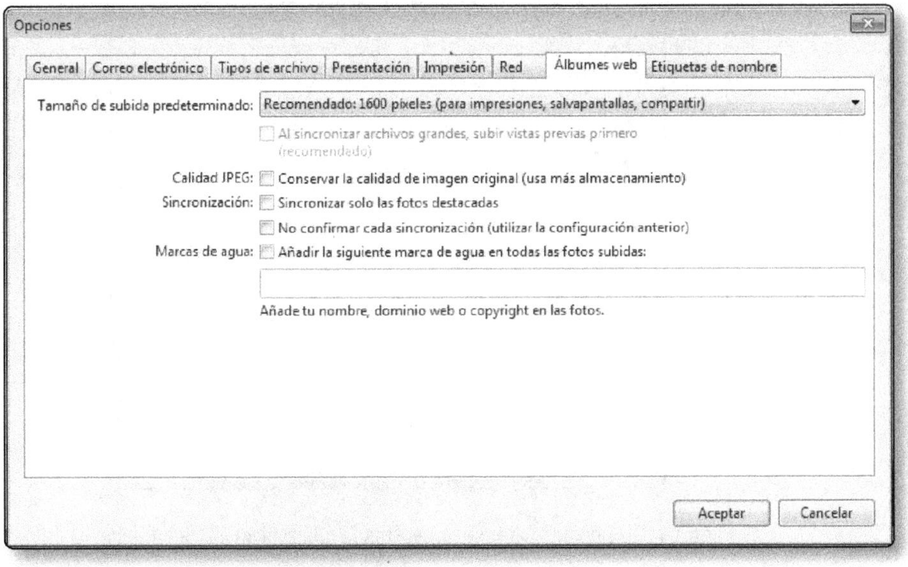

Figura 7.15. Opciones de Álbumes web.

Podemos hacer que automáticamente se le añada una marca de agua con el texto deseado a las imágenes que se suban. La marca de agua será escrita en el pie derecho de la imagen.

7.7 COMPARTIR NUESTRAS FOTOS

En ese momento, si volvemos a realizar el proceso, veremos que se nos muestran activas muchas más posibilidades, entre otras el modelo de compartición:

▼ **Publico en la web**: cualquiera que acceda a nuestro perfil verá las imágenes.

▼ **Limitado a cualquier usuario que reciba el enlace**: sólo podrán acceder a las imágenes los usuarios a quienes mandemos el enlace web.

▼ **Limitado:** se activa si previamente limitamos con la opción anterior.

▼ **Solo tú:** absolutamente privado.

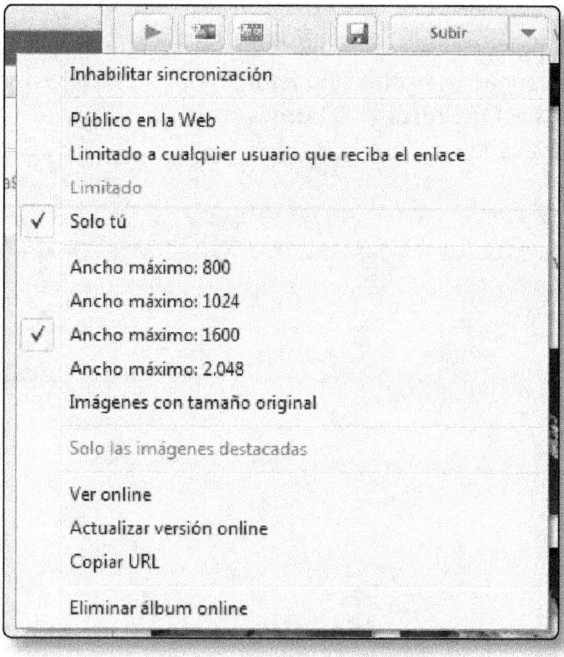

Figura 7.16. Opciones actualizadas tras la sincronización de Álbumes web.

7.8 CREAR UN COLLAGE

Quizás una aplicación curiosa, rápida y efectiva de llevar a cabo es la de realizar *collages* o composiciones de imágenes.

Lo primero que haremos será seleccionar el conjunto de fotos que queremos que formen parte de nuestro collage. Para ello, mantendremos pulsada la tecla **Ctrl** mientras las seleccionamos una a una.

Una vez elegidas todas, activaremos el modo *collage* pulsando **Crear un collage de fotos** o accediendo al menú **Crear > collage de imágenes**.

Figura 7.17. Crear collage de fotos.

Una vez creada esta acción veremos que nos cambia la pantalla y aparecerá una composición por defecto. Bastará con que arrastremos las imágenes a donde deseemos y las rotemos.

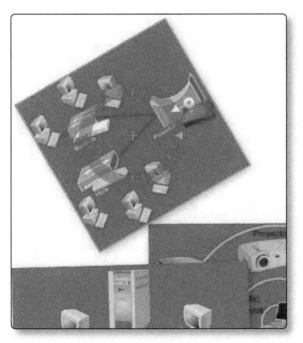

Figura 7.18. Detalle de una de las imágenes del collage.

NOTA
Los iconos que aparecen a los lados del icono descrito en este punto son el de *reproducción como presentación* (tiene una forma de botón de *play*) y el de *creación de una presentación de vídeo* (tiene forma de cinta cinematográfica)

8

GOOGLE SITES. NUESTRO PORTAL WEB

¿Podemos crear una web gratuita que sea alojada por los rápidos servidores de Google, indexada en los buscadores de Google y gestionada gracias a la cuenta de Google que previamente hemos creado? Pues la respuesta, como es lógico viendo el título de este capítulo, es que sí podemos.

Y esta web, ¿qué ventajas me ofrece frente a otros servicios similares?:

▼ Una indexación en Google Search de manera automática.

▼ Se pueden usar herramientas de alto nivel como Google Adsense.

▼ Permite el uso de publicidad.

▼ Gracias al fácil diseño no es necesario tener experiencia para hacer un sitio web.

▼ Se pueden importar desde Google Docs documentos, hojas de cálculo, presentaciones, formularios, fotos de Picasa, videos…

8.1 ACCESO A GOOGLE SITES

Para acceder a Google Sites y poder crear un nuevo sitio lo haremos desde la dirección web https://sites.google.com.

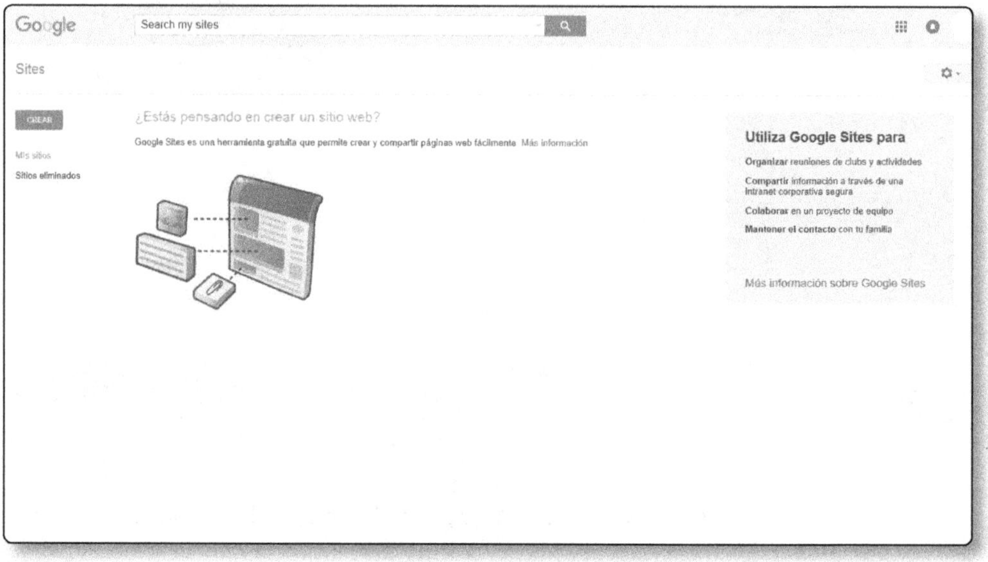

Figura 8.1. Google Sites.

Además Google Sites pude ser utilizado como:

➤ Organizador.
➤ Sistema para compartir información.
➤ Opción colaborativa en un proyecto.

8.2 REGISTRO DEL SITIO

Cuando hablamos del registro de un sitio web, estamos hablando de manera inseparable del registro del subdominio junto con la creación de los ficheros de dicho sitio, que serán los que formen la página web a nivel visual.

Estudiando la imagen 8.1 podemos ver claramente la opción marcada con el nombre **Crear** situada en la parte izquierda. Cuando pulsamos dicha opción de **Crear** inicializamos un proceso en el que, a través de un asistente, se nos guiará en la creación y en el registro.

Como primer paso, nos pide que indiquemos la plantilla o estructura que va a tener. Si queremos crearla nosotros de manera original y nueva, pulsaremos la opción **Plantilla en blanco**. Además, definiremos el título de nuestro sitio, diseño y descripción.

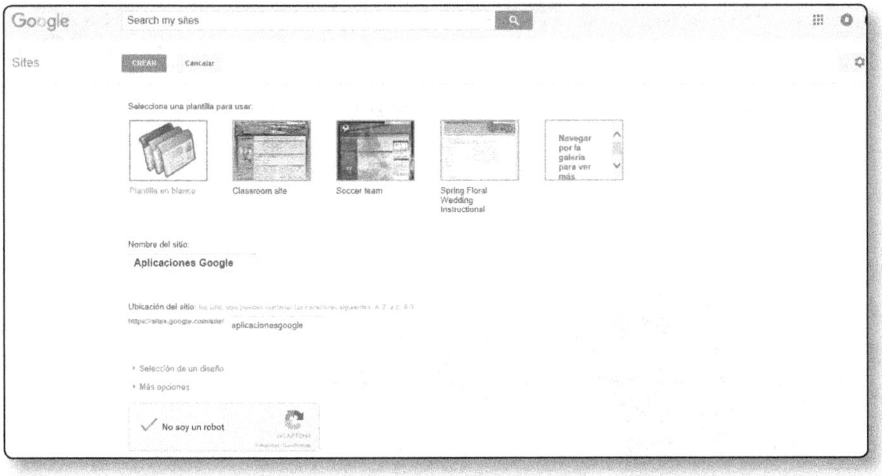

Figura 8.2. Inicio del proceso de creación de un sitio en Google Sites.

Finalmente volvemos a pulsar sobre **Crear Sitio**.

8.3 LA PÁGINA DE INICIO

Nosotros hemos seleccionado el estilo de **Classroom**, y esto es lo que sale una vez terminado de crear. Como podemos ver lo que hemos creado es una página web completa con un conjunto de páginas web asociadas y vinculadas entre sí.

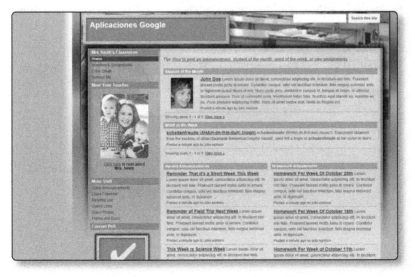

Figura 8.3. Sitio recién creado en Google Sites.

Esta primera página que hemos creado tiene una serie de accesos en su barra superior que nos ayudan a navegar y a seguir modificando o ampliando nuestro sitio.

▶ Home, permite volver al listado de nuestros sitios creados.

▶ Herramientas de edición y compartición de nuestro nuevo sitio, así como acceso a la configuración.

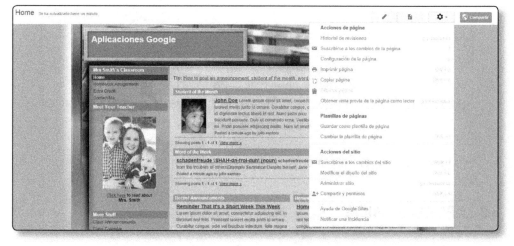

Figura 8.4. Opciones del sitio creado en Google Sites.

Si desde la página recién creada pulsamos en **Home**, veremos que la página de acceso contiene nuestro nuevo sitio.

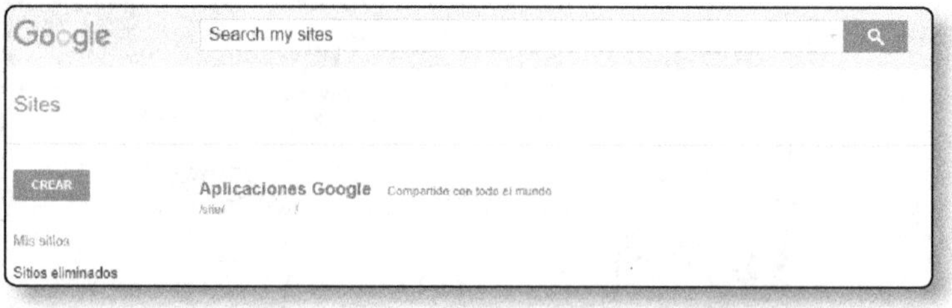

Figura 8.5. Listado de sitios creados en Google Sites.

8.4 AÑADIR PÁGINAS

Un *site* o sitio no suele contener una sola página web, sino que son un conjunto de páginas enlazadas entre sí. Pero nosotros, salvo que creemos una página web completa desde plantilla como se ha visto en el ejemplo, lo que hemos hecho es crear una sola página inicial, ¿cómo podemos añadir más?

Para que el ejemplo quede más correcto y claro hemos creado un nuevo *site,* pero en este caso con la **plantilla en blanco**.

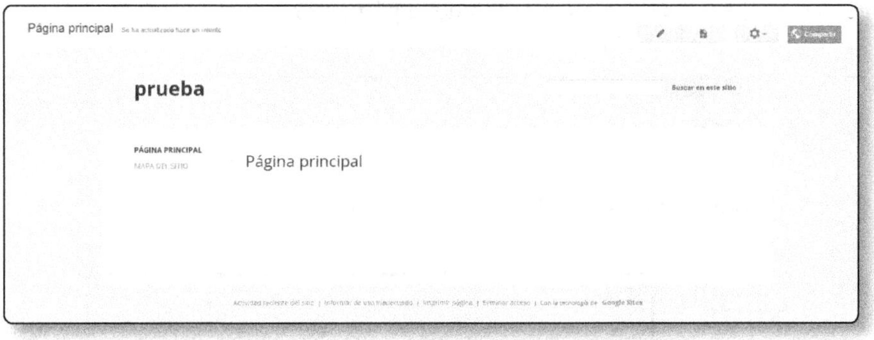

Figura 8.6. Nuevo sitio con plantilla en blanco.

Como hemos dicho, para añadir páginas a nuestro sitio, pulsaremos en el menú superior el icono asociado que muestra una hoja con un símbolo de suma. Ya podemos personalizar la nueva página.

Figura 8.7. Nueva página para el sitio.

El proceso de creación nos solicitará:

▶ Título de la página y dirección de enlace o URL.

▶ Plantilla que queremos que tome: podemos dejar la misma de la página principal o tomar otra diferente de la lista.

▶ Ubicación de la nueva página: a elegir entre dejarla en el mismo nivel de la página principal, o una nueva ubicación o ruta.

Tras pulsar **Crear** veremos la nueva página creada y enlazada.

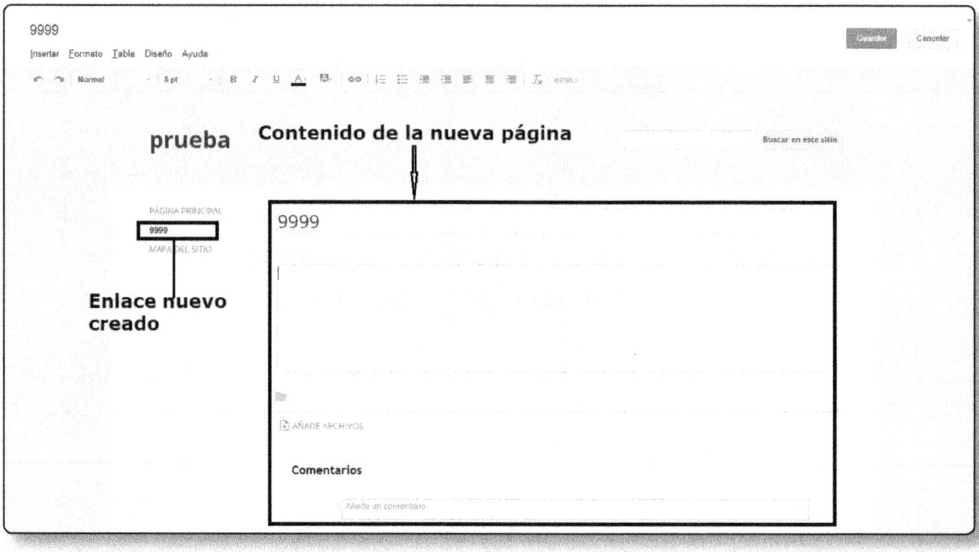

Figura 8.8. La nueva página recién creada.

8.5 EDITAR PÁGINAS

Ya tenemos las páginas creadas, pero no personalizadas. Para añadir contenido a nuestras páginas vacías, o para modificar el contenido creado, pulsaremos el icono del lapicero en la página que deseemos modificar.

Figura 8.9. Edición de una página.

El modelo de edición es sencillo e intuitivo. Seleccionaremos el bloque donde deseamos añadir o modificar contenido y utilizaremos la barra de edición que se nos presenta en la parte superior, similar a la de un editor de textos, para hacerlo.

Además, en el menú encontramos opciones varias, entre la que cabe destacar la nombrada como **Insertar**, que nos permite introducir diferentes tipos de contenido clasificado en **Común**, **Gadgets** o **Google**. Dependiendo de si este contenido proviene de elementos comunes, es un complemento o se importa desde otras aplicaciones Google.

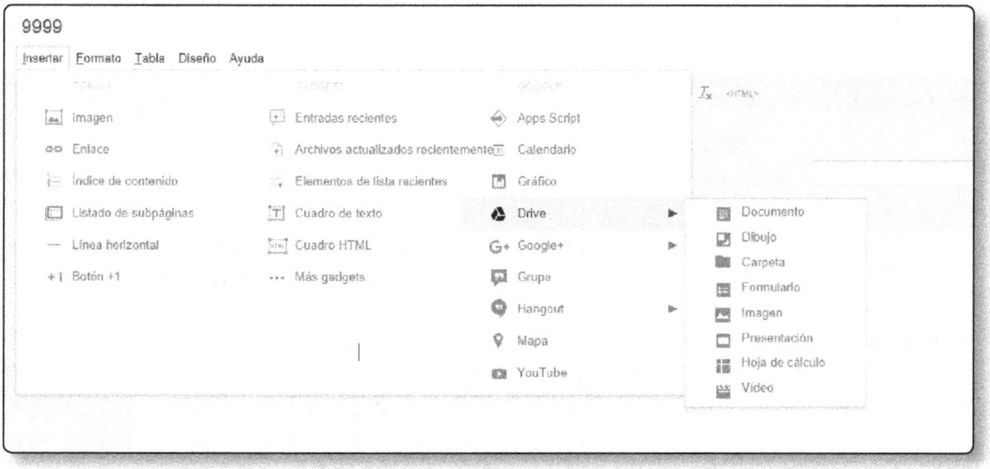

Figura 8.10. Menú insertar.

8.6 CONFIGURANDO EL SITIO

Hemos creado el sitio, añadido páginas y modificado el contenido-, pero, ¿cómo cambiamos los estilos, la estética de nuestro sitio?, ¿podemos? Claro que sí, entrando en el apartado de herramientas del sitio accederemos a **Modificar diseño del sitio,** con lo que se nos mostrará algo similar al modelo de edición del contenido pero con otras herramientas en la barra superior.

Figura 8.11. Modo de edición de diseño del sitio activo.

En la parte superior vemos una serie de botones que nos dicen qué queremos que se vea y qué no. Por ejemplo, la barra lateral de menú está activa, pero podemos desactivarla.

Como indica en la parte superior, sólo tendremos que seleccionar la parte que queremos modificar y trabajar sobre ella. Por ejemplo, al pulsar sobre la cabecera, se nos despliega otra ventana en la que podemos modificar muchos parámetros asociados.

Figura 8.12. Modificación de los parámetros de la cabecera.

Para trabajar de manera global con el estilo de manera que podamos modificar colores y la plantilla asociada, accederemos al menú **Herramientas > Administrar sitios**. Una vez dentro, tenemos multitud de apartados, pero el que nos interesa es **Temas, colores y fuentes**.

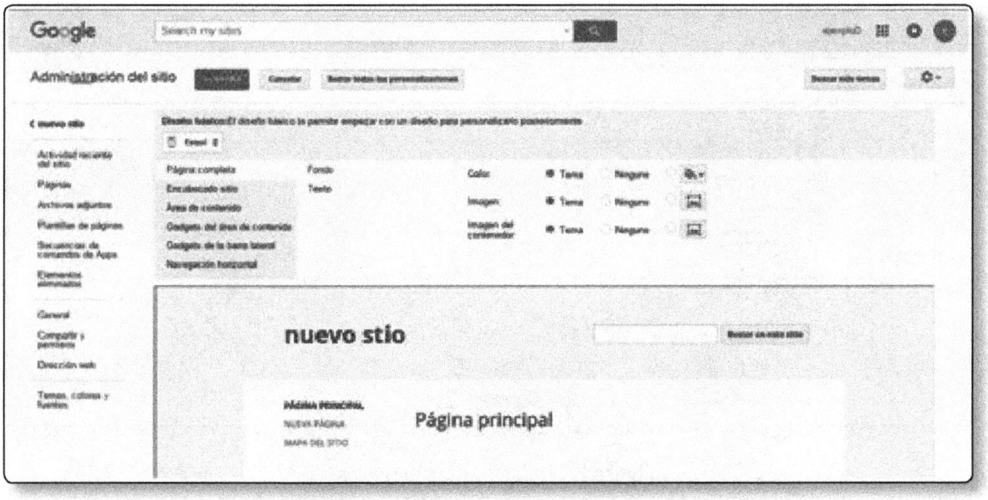

Figura 8.13. Modificación del estilo de la página web.

En la parte superior, donde vemos el desplegable con la palabra **Esquí** podemos seleccionar otra plantilla completa que modificará el aspecto de nuestro sitio. Debajo de ella nos encontramos la posibilidad de modificar el estilo de **Fondo** o **Texto** de cada uno de los apartados de las diferentes páginas y sus distintas partes.

Una vez acabadas las modificaciones, no olvidaremos pulsar sobre **Guardar**, para que los cambios surtan efecto.

8.7 CONFIGURACIÓN CARACTERÍSTICAS ESPECIALES

Al ser otra aplicación de Google, Sites nos ofrece unas características especiales similares:

- ▶ Privilegios de lectura indicando quién puede ver nuestro sitio.
- ▶ Gestionar historial de modificaciones del sitio.
- ▶ Subscribirse a los cambios de la página o del sitio.

8.7.1 Privilegios del sitio

El acceso a la asignación o modificación de los accesos al sitio lo tenemos en el menú de herramientas **Compartir y permisos**.

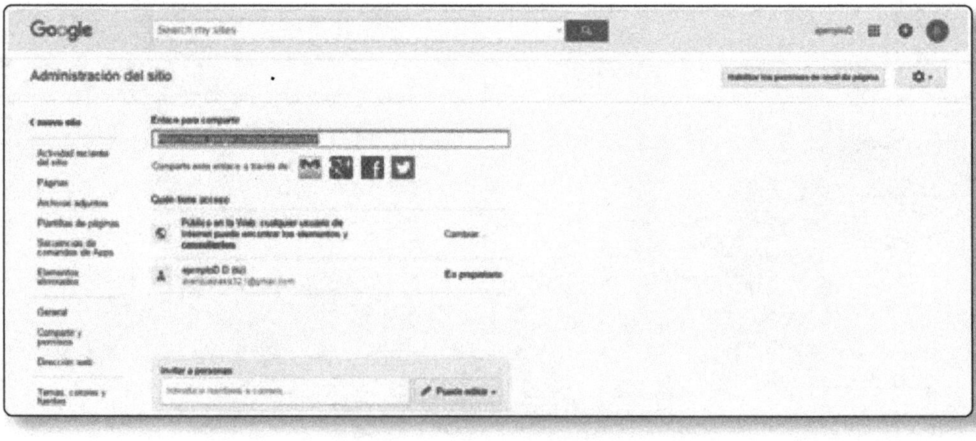

Figura 8.14. Compartir y permisos.

El modelo de compartición es igual a los anteriormente vistos.

8.7.2 Gestionar historial de cambios

Como en el proceso de creación de los documentos, podemos también gestionar el historial de manera que podamos ver los cambios realizados y decidir si queremos volver a un punto concreto de esas modificaciones.

En este caso el acceso a las revisiones lo tenemos en **Herramientas >Historial de revisiones**.

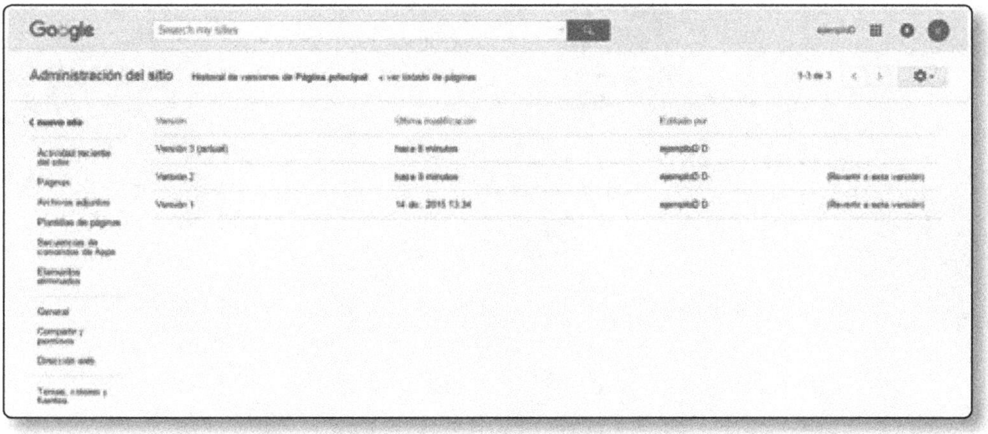

Figura 8.15. Historial de versiones.

8.7.3 Suscribirse a los cambios

Por último, y quizás uno de los puntos más interesante, gracias a esta suscripción podemos estar al día de las diferentes modificaciones del sitio que puedan realizar cada uno de los suscriptores a los que hayamos dado privilegios de modificación.

Tanto la suscripción a los cambios de la página, como la suscripción a los cambios globales dentro del sitio se realiza desde el menú de herramientas de manera directa **Herramientas > Subscribirse a los cambios de la página** o **Herramientas > Subscribirse a los cambios del sitio** respectivamente.

9

GOOGLE GMAIL. CORREO ELECTRÓNICO

Una de las herramientas de comunicación más importantes de la actualidad es el correo electrónico, que pretende ser un canal fluido de conexión entre diferentes personas.

Además, en la actualidad, esta herramienta es especialmente interesante al estar asociada a múltiples aplicaciones en Internet como redes sociales, foros, áreas de descarga, herramientas ofimáticas… Estas aplicaciones, en algunos casos, son aplicaciones propias de la misma empresa que nos ofrece el correo electrónico gratuito, como es el caso del correo Google Gmail con todas las aplicaciones Google asociadas a él.

9.1 ACCESO A GMAIL

El acceso de **Google Gmail** tiene su dirección web particular *http://gmail.com*.

Figura 9.1. Correo electrónico Google Gmail recién abierto.

Habiendo accedido a la dirección del correo electrónico, lo primero que tendremos que hacer es asegurarnos de haber registrado una cuenta.

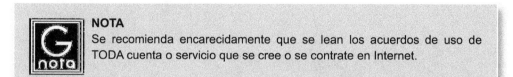

NOTA
Se recomienda encarecidamente que se lean los acuerdos de uso de TODA cuenta o servicio que se cree o se contrate en Internet.

9.2 ESTRUCTURA DE GOOGLE GMAIL

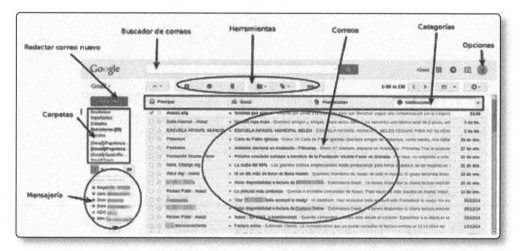

Figura 9.2. Estructura de Gmail.

Cuando abrimos Google Gmail, lo primero que se nos mostrarán serán los **correos** electrónicos que hemos recibido nuevos. Estos aparecerán en el apartado central con el texto en negrita. Para acceder a cualquiera de los no leídos o de los ya vistos, pulsaremos sobre él.

NOTA
Cada uno de los correos recibidos estará formado por el correo o nombre de la persona u organización que lo manda y el asunto del que trata.

En el área izquierda tenemos el acceso a las **carpetas**. Entre las principales tenemos:

- **Recibidos:** bandeja de correos recibidos. Google Gmail hace una clasificación inteligente del correo recibido. Para ello, lo divide en **categorías**.

> **NOTA**
> Aunque normalmente es bastante acertado en su clasificación, es recomendable no fiarse del todo y visitar todas las categorías de vez en cuando, con la intención de que nos se pase un correo recibido que nos interese.

- **Enviados:** cada correo que enviemos dejará una copia en esta bandeja. De esta manera podremos llevar un control de los mismos.

- **Papelera:** los correos que borramos se mandan a esta papelera. Su función es similar a la papelera de los sistemas operativos como Microsoft Windows. Pasado un tiempo en la papelera será borrado definitivamente.

9.3 MANDAR CORREO NUEVO

Para crear un correo nuevo pulsaremos sobre **Redactar**. Al hacer esto se nos abrirá una nueva ventana en la parte inferior derecha sobre la que podremos crear el correo electrónico nuevo.

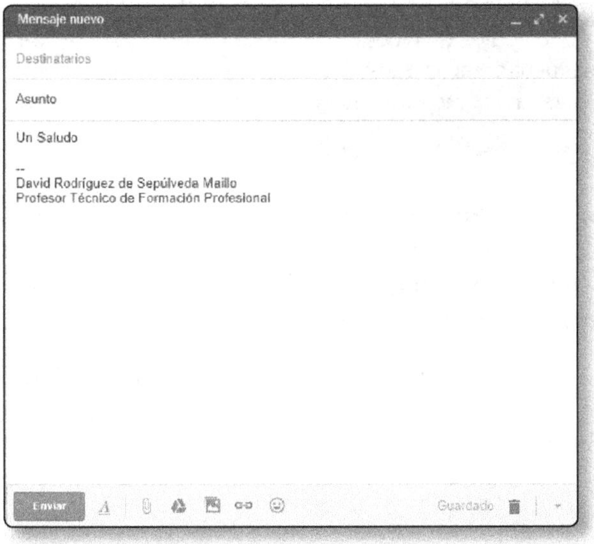

Figura 9.3. Redacción de un correo electrónico en Google Gmail.

En esta ventana tenemos que rellenar los diferentes apartados:

▼ **Para:** donde pondremos la dirección de correo electrónico de la persona destinataria. La dirección será parecida a ***nombre@gmail.com***. Podemos añadir varios destinatarios separándolos de un espacio.

NOTA

Las opciones **CC** y **CCO**, nos mostrarán unas casillas similares a **Para**. La diferencia entre ambos es:

- CC: Con Copia. El correo original se manda a Para, y se manda igualmente copia a los destinatarios introducidos en CC.

- CCO: es igual al anterior, sólo que los que reciban la copia no verán a los demás destinatarios. Si mandamos un correo CCO a Mar y Clara, ellas sabrán que les hemos mandado un correo, pero no que se lo hemos mandado también a la otra persona.

▼ **Asunto:** en una frase corta pondremos de qué trata el correo. Esto es lo que se ve en la bandeja de entrada de correo. Es equivalente a cuando mandamos un fax.

NOTA

El texto podemos formatearlo, como en el caso de Gestor de documentos de documentos de Goggle, gracias a las herramientas de formateo que se nos muestran en la parte inferior, pudiendo establecer color de texto, textos en negrita o cursiva, así como otros aspectos similares a dichos editores de texto.

▼ **Adjuntar archivos (el clip que aparece en la parte inferior):** al pulsar en esta opción podremos añadir imágenes u otro tipo de fichero al correo electrónico. Tendremos que indicar dónde está almacenado dicho fichero en nuestro ordenador.

▼ **Enviar:** cuando todo esté redactado y añadido, le daremos a **Enviar** con la intención de que se envíe y se nos almacene una copia del mismo en la carpeta de **enviados.**

9.4 RESPONDER O REENVIAR UN CORREO A OTROS

Cuando hemos recibido un correo, si nos interesa, puede que queramos hacerle llegar una copia a otras personas con la intención de que ellos también puedan disfrutar su contenido. También puede ser que queramos mandarle una respuesta a la persona que nos mandó el correo original. Para ello, cuando hemos pulsado sobre un correo para ver su contenido veremos que se nos muestran una serie de botones nuevos.

Figura 9.4. Opciones del correo que estamos viendo en Google Gmail.

Para realizar este envío pulsaremos sobre el botón indicado en la imagen anterior y seleccionaremos **Reenviar** o **Responder,** dependiendo de que queramos hacer en cada caso.

En ambos casos se nos mostrará una ventana en la parte inferior. La diferencia entre ambas es que en el caso de **Reenviar** se nos muestra la casilla de **Para** y en la de **Responder** no, ya que se asume que responder tiene ya un **Para** asignado, que es el usuario de origen del correo electrónico recibido.

9.5 BUSCAR CORREOS

Actualmente, el número de correos electrónicos que tenemos en una cuenta puede ser muy alto. Esto hace que si en algún momento queremos localizar un correo electrónico concreto, sea difícil encontrarlo.

Por este motivo es habitual que en los correos electrónicos actuales se nos aporte un buscador. Este buscador nos ayudará a encontrar correo electrónicos que coincidan con el remitente, el asunto o el contenido del correo recibido o enviado.

9.6 CERRAR EL CORREO

Cuando terminemos de usar nuestro correo electrónico, pulsaremos sobre el menú de **opciones** y seleccionaremos **Cerrar sesión**.

Figura 9.5. Opciones de Google Gmail.

9.7 SEGURIDAD EN GMAIL

Además de la seguridad clásica, Gmail de Google nos aporta una serie de herramientas que ampliaran y mejoraran el funcionamiento y privacidad de nuestra cuenta.

9.7.1 Comprobar últimas conexiones

Desde Gmail de Google podemos ver cada vez que nos conectemos si hay otras sesiones abiertas de nuestra cuenta de correo, o las últimas veces que nos conectamos y desde qué ubicación. Así mismo, se nos informará del navegador web utilizado para realizar esta conexión.

Toda esta información es muy útil para controlar suplantaciones de identidad y accesos no permitidos. Evidentemente, en caso de detectar algún acceso no deseado, lo primero que tendremos que hacer es cerrar todas las sesiones activas y cambiar nuestra contraseña de acceso.

Para ver esta información nos iremos a la parte inferior del correo electrónico y pulsaremos sobre **Información detallada**, que lo tenemos en la parte inferior derecha. Como podemos ver, encima de ese enlace tenemos la última actividad de cuenta, es decir, la última vez que se entró en ella.

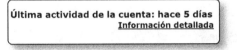

Figura 9.6. Enlace de información sobre el acceso a Google Gmail.

Al pulsar este enlace, se nos abre una nueva ventana en la que nos dará todos los detalles de las últimas sesiones establecidas y el estado actual.

Actividad de esta cuenta

Esta función informa sobre la última actividad que se ha producido en esta cuenta de correo y sobre cualquier actividad simultánea. Más información

Esta cuenta está abierta en otra ubicación.
(Aquí *ubicación* puede significar una sesión distinta en el mismo ordenador.)

Datos de la sesión simultánea:

Tipo de acceso [?] (Navegador, móvil, etc.)	Ubicación (dirección IP) [?]
Navegador	España (176.222.88.210)

Cerrar todas las demás sesiones abiertas en la Web

Actividad reciente:

Tipo de acceso [?] (Navegador, móvil, POP3, etc.)	Ubicación (dirección IP) [?]	Fecha/Hora (Se muestra en tu zona horaria)
Navegador (Internet Explorer) Mostrar detalles	* España (176.222.88.210)	8:22 (hace 7 minutos)
Navegador (Internet Explorer) Mostrar detalles	España (176.222.88.210)	8:10 (hace 19 minutos)
Navegador (Chrome) Mostrar detalles	España (176.222.88.210)	8:09 (hace 20 minutos)
Navegador (Internet Explorer) Mostrar detalles	España (81.61.196.180)	29 jun.
Navegador (Internet Explorer) Mostrar detalles	España (81.61.196.180)	29 jun.
Navegador (Chrome) Mostrar detalles	España (176.222.88.210)	24 jun.
Navegador (Chrome) Mostrar detalles	España (176.222.88.210)	24 jun.

Preferencia de alertas: Mostrar una alerta por actividad inusual. cambiar

* Indica que esta actividad corresponde a la sesión abierta ahora

Figura 9.7. Información sobre el acceso a Google Gmail.

En caso de detectar una conexión no deseada podemos cerrarla dándole a **Cerrar todas las demás sesiones abiertas en la web**.

9.7.2 Sistemas de accesos seguros

Existen múltiples opciones de configuración del acceso a la cuenta. Para poder hacer uso de ellos necesitaremos haber proporcionado un número de teléfono móvil en el momento del registro. Para habilitarlos iremos a **Herramientas > Configuración > Otra configuración de la cuenta de Google**.

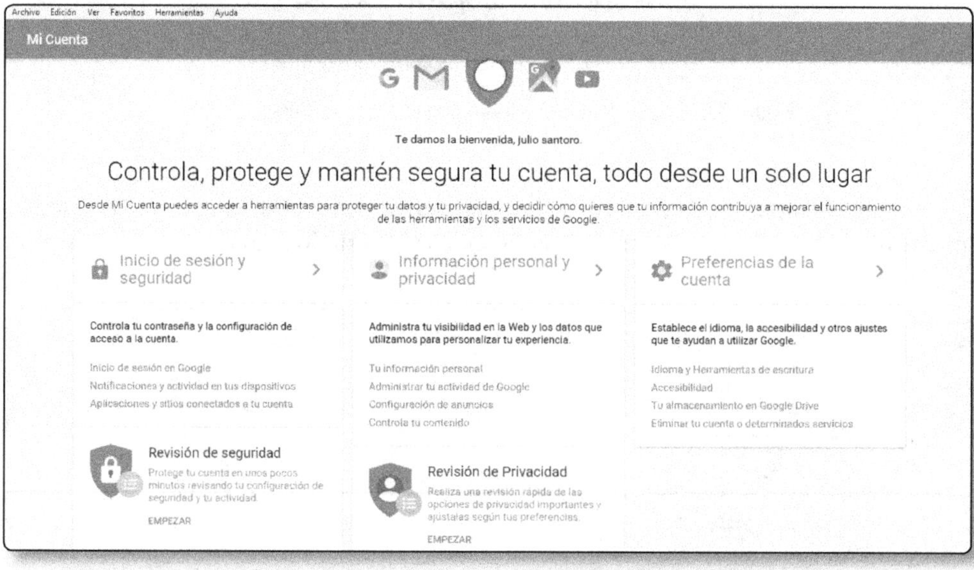

Figura 9.8. Primer paso para la configuración de seguridad ampliada.

En la ventana que se abrirá pulsaremos sobre **Inicio de sesión en Google** y accederemos a otra página.

NOTA
Puede ser que nos pida confirmación de acceso al nuevo proceso de configuración. De ser así, pulsaremos sobre **Comenzar**.

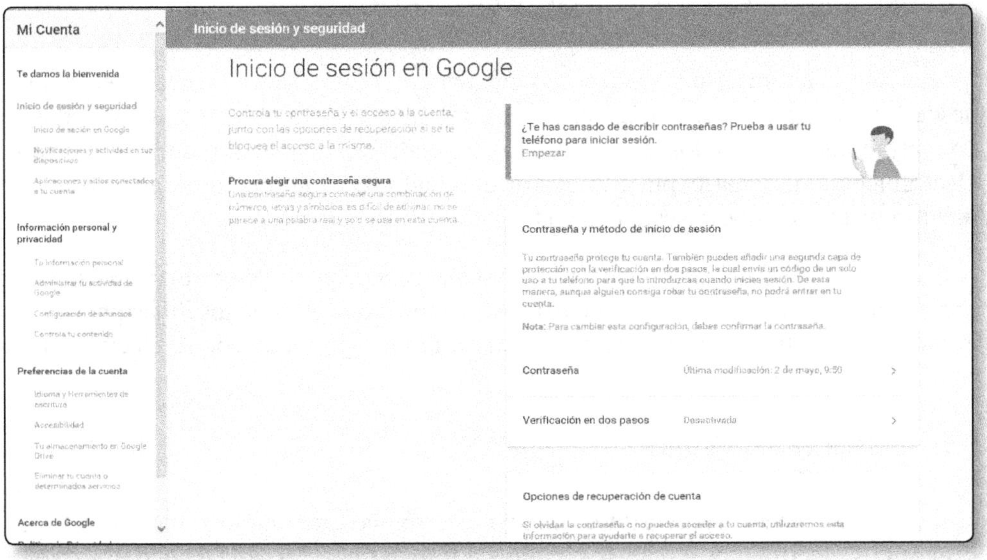

Figura 9.9. Inicio de sesión en Google.

Aquí podremos indicar si queremos usar la **verificación en dos pasos,** que lo que hace es avisarnos al teléfono móvil, tras introducir la contraseña, del intento de acceso. Así mismo, se nos proporcionará un código de seguridad que deberá ser ingresado en el acceso para seguir con la validación de la cuenta.

Figura 9.10. Información sobre el servicio de inicio de sesión en Google.

9.8 UNIR GOOGLE GMAIL A UN GESTOR DE CORREO ELECTRÓNICO

Hasta ahora hemos visto cómo trabajar con las cuentas de correo electrónico desde Internet, pero no es la única manera que tenemos. También podemos trabajar con programas instalados en el sistema operativo, de manera que los correos electrónicos dejen una copia en nuestro ordenador o Smartphone, y así poder ver dichos correos aunque no estemos conectados a Internet.

En el caso del ordenador nos vamos a centrar en el programa preinstalado con Microsoft Windows, llamado **Outlook**, mientras que en el de los Smartphone con el sistema operativo Android, usaremos su propio programa de correo electrónico.

9.9 MOZILLA THUNDERBIRD

Para presentar un gestor de correo electrónico que funcione bien para todos los correos electrónicos expuestos, vamos a trabajar con Mozilla Thunderbird, que trabaja a su vez en modo espejo, es decir, mientras tengamos conexión lo que hará es un espejo de lo que tenemos en nuestro servidor de correo.

Para obtener la versión más reciente de Mozilla Thunderbird accederemos a la dirección web *http://www.getthunderbird.com/* y pulsaremos en el botón de **descarga**.

Figura 9.11. Descarga de Mozilla Thunderbird.

El proceso de instalación es equivalente al de cualquier otro programa. Podríamos resumirlo en que hay que pulsar la opción **Siguiente** hasta su final. De esta forma, y una vez instalado lo abriremos para configurarlo y trabajar con él.

La primera vez que lo ejecutemos nos pedirá datos de configuración que deberemos aportar para poder conectarnos con nuestra cuenta de correo electrónico. Estos datos son la dirección de correo electrónico completa y la contraseña de acceso a este.

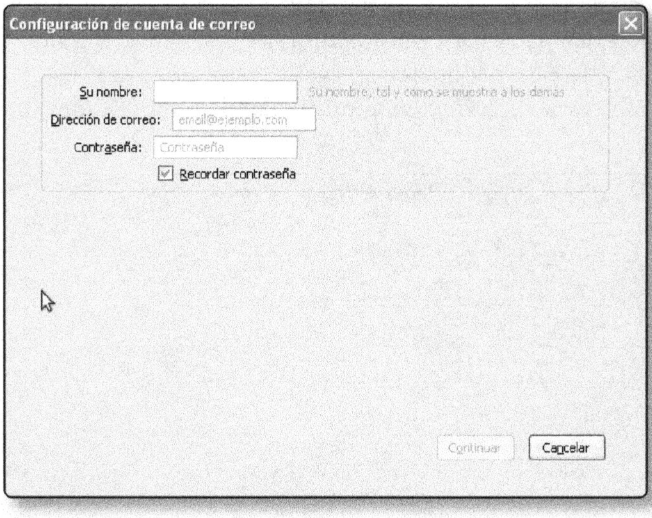

Figura 9.12. Petición de datos de cuenta en Mozilla Thunderbird.

NOTA

Antes del proceso de inclusión de nuestros datos, se nos preguntará si queremos crear una cuenta de correo con una empresa diferente de las vistas en este tema. Pulsaremos sobre **Saltarme esto y usar mi cuenta de correo electrónico**.

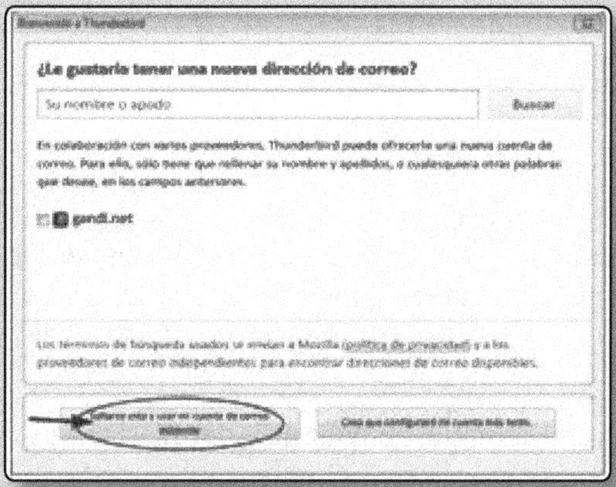

Tras esperar a ver si Mozilla Thunderbird es capaz de auto configurar el resto de la información que necesita, se nos pedirá que pulsemos el botón **Crear cuenta**. Antes tendremos que elegir si queremos que nuestro programa se conecte mediante IMAP, que no almacena el correo en nuestra máquina, o POP, que sí:

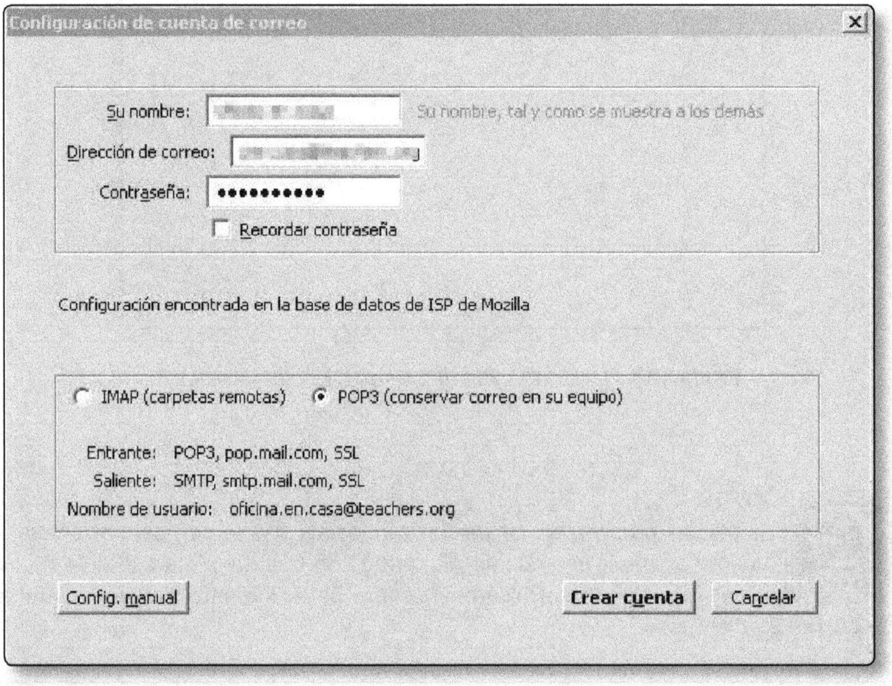

Figura 9.13. Autoconfiguración servidores POP3.

NOTA
Para comprobar que la configuración de nuestra cuenta es correcta, basta con esperar que termine de comprobar la contraseña que hemos escrito y la lectura del contenido de nuestra cuenta de correo en dicho servidor.

A partir de ahí el manejo de Mozilla Thunderbird es igual al de cualquier otro gestor de correo, ya sea vía web o cliente.

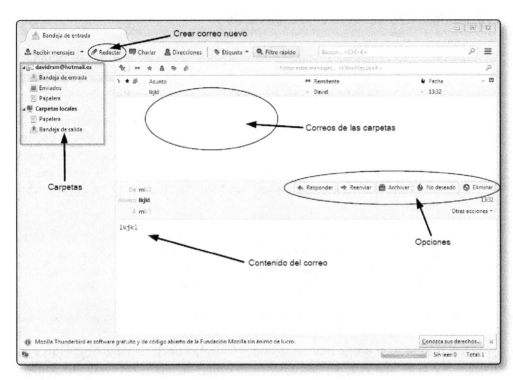

Figura 9.14. Estructura de Mozilla Thunderbird.

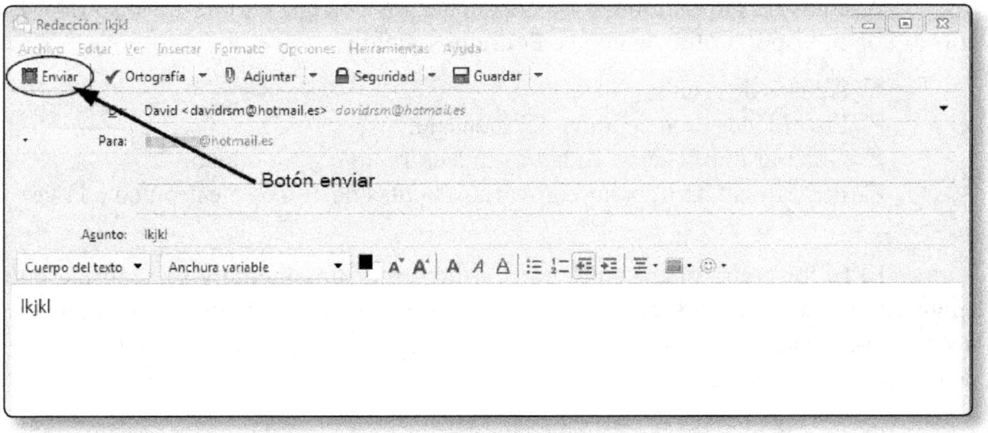

Figura 9.15. Correo nuevo en Mozilla Thunderbird.

9.10 CORREO WEB VS. CORREO DESCARGADO

Uno de los principales enigmas de algunos usuarios es si utilizar programas de gestión de correo (Correo Pop) o bien si lo dejamos todo en manos de los correos Web. Por lo tanto lo primero que tenemos que ver es una básica descripción:

▼ **Correo POP**. Mediante un programa de gestor de correo residente en la máquina y configurado correctamente, la gestión del correo de la cuenta se realiza de forma local, es decir, todo lo que nos manden se almacenará en nuestro disco duro (incluido los virus). Ejemplos de este tipo de programas de gestión de correo son Mozilla Thunderbird o el programa propio de Android.

▼ **Correo Web**. La gestión completa se realiza mediante una página web, necesitando únicamente para su visionado un navegador web. En este caso sólo necesitaremos el nombre de usuario y la clave asignada. Ejemplo de correo Web son Gmail de Google, Hotmail de Microsoft o Yahoo.

Una cosa tenemos que dejar clara: en ningún caso son incompatibles. Todo dependerá de que la empresa que nos dé el servicio quiera que podamos usar ambos medios o sólo uno de ellos. Empresas como Google con su Gmail, Microsoft con Hotmail o Yahoo pueden ser consultadas sin ningún problema mediante ambos medios. Entonces por cuál nos decidimos de forma definitiva, es una pregunta difícil a la que se contesta según la funcionalidad del mismo.

Además de la posibilidad de almacenar los correos en nuestra máquina, el correo Pop nos aporta otras ventajas. Podremos incluir:

▼ Acuses de recibo.
▼ Prioridades de recepción del mensaje.
▼ Obtener notificación cada vez que entre un correo nuevo.
▼ Posibilidad de trabajar con varias cuentas de correo electrónico a la vez.

El lector podrá elegir entre unos y otros indistintamente y se aconseja que tenga en cuenta su caso y el espacio del que dispone en su máquina, así como la necesidad de visualizar el correo a través de un dispositivo, de varios o con la garantía de pertenencia de dichos mensajes.

Quizás, si el lector busca una respuesta más directa, lo más apropiado en el caso de los ordenadores sería comenzar con un correo web y posteriormente probar Outlook. Mientras que en el caso de los Smartphone, si disponemos de suficiente espacio, puede ser el uso del programa de correo de Android con la intención de que se nos comunique cada vez que llegue algo nuevo.

9.11 SPAM Y SEGURIDAD

El correo electrónico es uno de los medios más usados para invadir nuestra intimidad mediante el envío masivo de ofertas o **spam**. El lector deberá tener en cuenta por tanto ciertas reglas que parece que no se contemplan muy a menudo:

▸ Cada vez que reenvíes mensajes que tengan que ver con cadenas, es aconsejable incluir los destinatarios en **CCO,** pues hace que no figuren los correos destinatarios en la cabecera y por tanto así evitamos que la lista de correos a la que enviamos llegue a manos no queridas, y que a su vez puedan obtener información de a quien conocemos a través de otros reenvíos posteriores.

▸ Los mensajes que solicitan su reenvío por causas sociales, en muchos casos son correos fraudulentos que pretenden generar cadenas de envío basura con el que obtener largas listas de direcciones de correo. Se aconseja investigar antes en Internet y no enviarlo sin más.

▸ Las multinacionales no regalan dinero por reenvío de mensajes.

▸ **No mandes ni abras archivos adjuntos** a los correos electrónicos a menos que sean realmente archivos en los que podamos confiar.

▸ Jamás respondas si no conoces el remitente de un correo electrónico. Es más deberías borrar el mensaje sin abrirlo.

▸ Si utilizas un gestor de correo y tu elección es descargarlo a tu máquina, asegúrate de **no tener activa la opción de visualizar el correo como html,** pues el código oculto podría ser peligroso. Ponlo en modo de texto plano.

▸ Los milagros por Internet no existen así que olvídate de tener suerte en la vida por reenviar a tus diez mejores amigos el correo que acabas de leer.

▸ Por supuesto, olvídense de dar cualquier dato que le sea solicitado por correo electrónico sin una comprobación telefónica. Es decir, **los bancos nunca le solicitarán ningún dato por correo electrónico**. Ellos ya tienen todos los datos que le puedan interesar de usted e incluso más.

▸ **Tener activo el antivirus** a modo de primera barrera de protección. Eso no nos garantizará total protección pero, como decimos, pondrá una primera barrera frente a virus conocidos.

En todos los casos anteriores, por tanto, se aconseja fervientemente que si se duda de un mensaje se borre, e insistimos en no aportar información privada a nadie en quien no se confíe por este medio.

10

GOOGLE +. LA RED SOCIAL DE GOOGLE

Una de las grandes revoluciones que han surgido en Internet en los últimos años, y que han permitido una mayor globalización en el uso y disfrute de esta red, han sido las redes sociales.

Las redes sociales surgen de la unión de Internet como red de interconexión global y de la necesidad de la gente de recuperar o mantener el contacto con antiguos compañeros del colegio, instituto, universidad, etc. Así mismo, este tipo de redes se sustenta bajo la teoría de los seis grados de separación.

Esta teoría trata de demostrar que realmente este mundo es un pañuelo y que, por tanto, cualquier persona puede estar conectado a cualquier otra persona del planeta a través de una cadena de conocidos que no tiene más de cinco intermediarios, lo que hace teóricamente fácil el encontrar gente a la que le hemos perdido la pista hace años, a través de las posibles relaciones existentes entre terceros.

Las primeras redes sociales aparecen a principios del siglo XXI y pronto se convierten en una nueva forma de relación personal.

Actualmente hay más de 120 redes sociales diferentes. Pero Google ha sabido sacar parte de esta tecnología asociándola a su cuenta centralizada con **Google+**. Esta es la alternativa que Google respecto a redes sociales, con bastantes usuarios gracias entre otras cosas, a que se puede crear con la misma cuenta con la que creamos el correo de Google Gmail.

10.1 ACCESO A GOOGLE+

El caso de Google+ se simplifica, no así sus funcionalidades. El registro es tan sencillo como tener una cuenta en Google. Para acceder a Google+ lo haremos desde la dirección web http://plus.google.com. Accederemos con los mismos datos de Google.

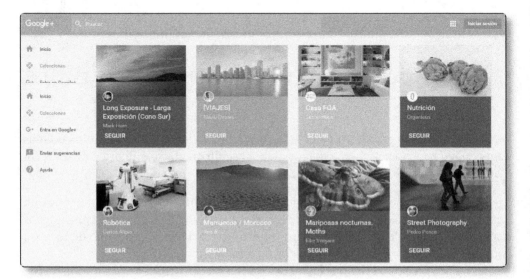

Figura 10.1. Google +.

Nada más acceder a la dirección de Google + veremos que se nos ofrecen categorías o colecciones en las que podremos encontrar los perfiles más seguidos y que nos pueden interesar.

NOTA

Si hemos creado previamente una cuenta de Google Picasa, cuando accedamos a Google+ se nos avisará del riesgo de la compartición de álbumes pues, como dijimos en el capítulo específico de Google Picasa, este queda enlazado a Google+.

Para poder continuar con el acceso, deberemos aceptar los cambios que supone la vinculación de Picasa a Google+.

10.2 CREAR NUESTRO PERFIL

Cuando entremos en Google + puede interesarnos personalizar nuestro perfil con una imagen, nombre u otra información. Para ello accederemos a **Perfil** del menú principal. Para cambiar cualquiera de los elemento pulsaremos encima de él.

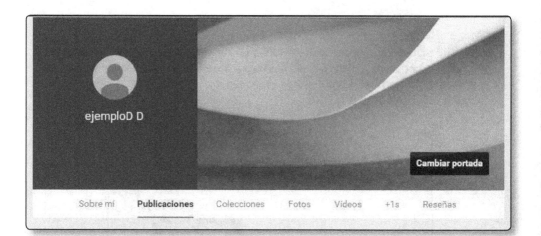

NOTA

La estética en el nuevo Google+ cambia y se hace más directa e intuitiva.
El acceso se mantiene.

10.3 CONFIGURACIÓN INICIAL DE GOOGLE+

Como es lógico, aunque Google+ tiene ya datos tuyos que habrás proporcionado al crear la cuenta de Google, no es suficiente. Por lo tanto te solicitará que completes una serie de pasos previos a la creación de tu cuenta de Google+. Como siempre, tendremos que indicar, además de ciertos datos personales complementarios, a quién queremos seguir.

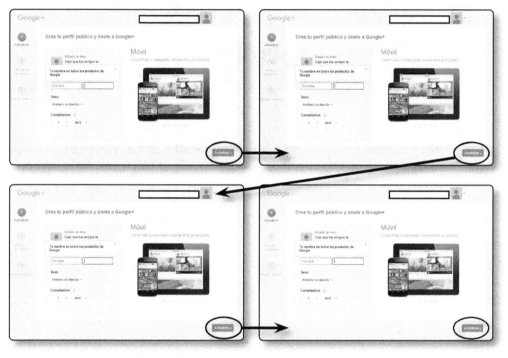

Figura 10.3. Pasos de la configuración de Google+.

Cada vez que añadamos una persona nueva a nuestros círculos tendremos que indicar en qué circulo la agrupamos. En la imagen siguiente podemos ver cómo se nos presentan las diferentes agrupaciones en la parte superior.

10.4 PUBLICAR EN GOOGLE+

Publicar en Google+ es similar a otras redes sociales. Acudiremos a la parte superior de nuestra página principal y en ella escribiremos el mensaje que queremos dejar compartido.

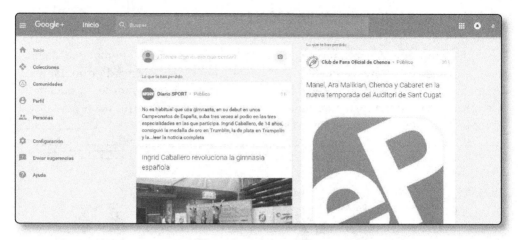

Figura 10.4. Cuenta de Google+ creada.

Nada más pulsar sobre **Compartir tus novedades...** se nos amplía la ventana con lo visto en la imagen. Como podemos ver, se puede añadir texto, fotos, enlaces, videos, eventos o incluso encuestas.

Figura 10.5. Añadir nueva información compartida en Google+.

En la parte inferior nos indica con quién queremos compartir esta información. Se detallará en puntos posteriores.

NOTA

En la actualidad Google+ está cambiando a una nueva interfaz. Cuando accedamos por primera vez se nos preguntará si queremos verla.

Lo que cambia principalmente es la disposición de menús, no así sus funcionalidades.

10.4.1 Detalles de nuestra publicación

Cuando hayamos publicado una nueva noticia en nuestro espacio compartido, podemos hacer diferentes cosas con él. Para ver las diferentes opciones pulsaremos sobre la flechita que aparece en la parte superior derecha de la publicación.

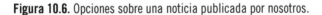

Figura 10.6. Opciones sobre una noticia publicada por nosotros.

En el caso que hemos presentado en la imagen, se ven las opciones sobre una encuesta publicada, aunque habrá otras que serán comunes. Como podemos ver se nos ofrecen opciones para:

- Mirar los resultados de la encuesta.

- Modificar la publicación editándola.

- Eliminar la publicación. Cuidado, porque el contenido puede haber sido copiado y publicado por otros usuarios, lo que hace que aunque la borremos pueda seguir en Internet.

- Enlazar a esta publicación, nos aportará una dirección web para poder acceder directamente a ella.

- Insertar publicación. No proporciona el código para introducir esta encuesta en nuestro sitio web.

- Silenciar publicación. Deja de estar activa para los usuarios con los que hayamos compartido.

- Inhabilitar comentarios.

- Inhabilitar la opción para compartir.

NOTA

En la nueva versión de Google+ tendremos que entrar en la noticia para poder ver estas y otras opciones.

10.4.2 Detalles de una publicación ajena

Lo mismo que con las publicaciones nuestras, se puede hacer con las ajenas. En este caso se nos ofrecerá:

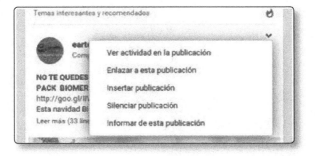

Figura 10.7. Opciones sobre una noticia publicada por otros.

▶ Ver actividad de la publicación, de manera que podamos ver qué ha dado al +1 de Google+, o lo está compartiendo.

▶ Silenciar publicación.

▶ Informar esta publicación. Desde aquí podremos denunciar el Spam u otro tipo de publicación no correcta.

10.4.3 Compartir una publicación

Cuando estamos viendo el espacio de publicaciones compartidas y publicadas, podemos ver debajo de cada una de ellas una pestaña, situada al lado izquierdo del espacio de asignación de comentarios que nos permitirá compartir dicha publicación y añadirla a una colección creada o nueva.

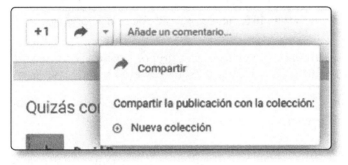

Figura 10.8. Opciones de compartición de una noticia.

NOTA
En la nueva versión de Google+ han añadido el icono que se ha estandarizado en internet a nivel de compartición. Sustituyendo a la imagen anteriormente citada.

10.5 CONFIGURACIÓN DE LA SEGURIDAD EN GOOGLE+

En la ventana en la que podemos añadir nuevas publicaciones, podemos definir diferentes opciones de compartición. Evidentemente lo primero que podremos hacer es decidir con qué grupos o personas queremos compartirla, pero además de esto:

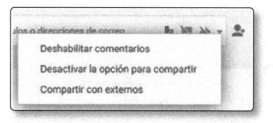

Figura 10.9. Opciones compartición de la publicación.

▶ Deshabilitar comentarios. Los grupos y usuarios con los que compartimos no podrán dejar comentarios asociados a la publicación.

▶ Desactivar opción de compartir. En este caso no podrán compartir mi publicación con otros usuarios.

Además de esta opción de configuración, tenemos otras que están destinadas a configurar Google+, y no sólo las publicaciones que hagamos en él. Podemos acceder a estas configuraciones desde la opción dentro del menú **configuración**.

En esta opción se nos presentan dos pestañas en la parte superior.

▶ **Configuración**. Todos los aspectos de configuración general.

▶ **Público**. Restricción del acceso al contenido de mi cuenta de Google+ dependiendo de la edad del usuario.

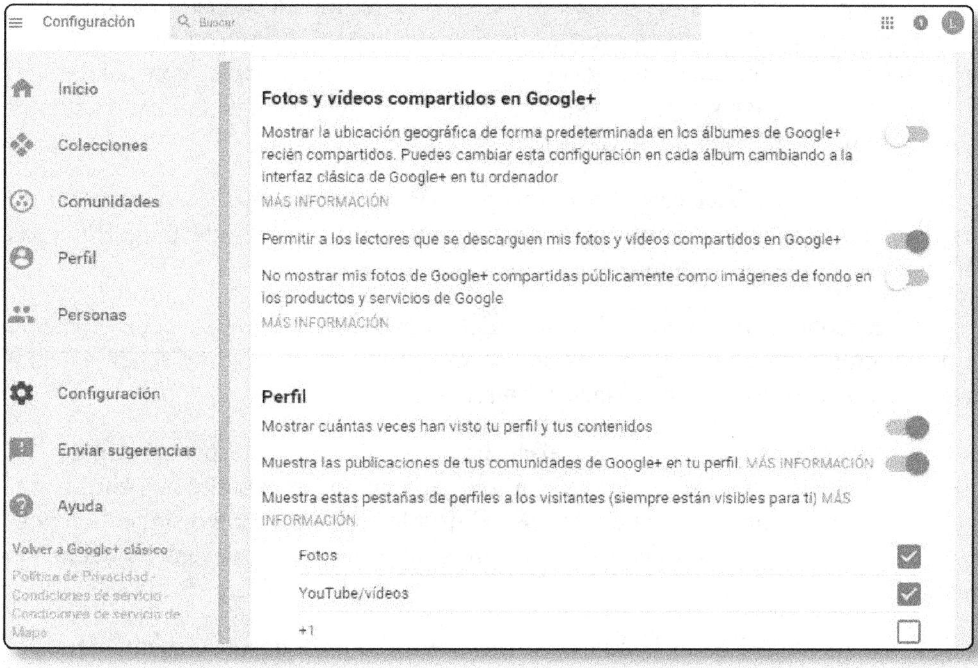

Figura 10.10. Opciones de la configuración de privacidad en Google+.

10.6 CONTRATOS

Todas las redes sociales nos presentan un contrato que muy pocos leen antes de aceptarlos, y Google no es menos. Si alguien de la calle te presentara un taco de folios y te dijera "fírmalo y te regalo un bolígrafo multicolor"¿lo firmaría?, en ese caso ¿por qué acepta los contratos que se le muestran en Internet sin más que darle a siguiente?

El gran secreto a voces de estas redes sociales radica en el compromiso que en muchos casos adquieres al registrar una nueva cuenta. Compromiso como en el que dicen, "nos concedes una licencia no exclusiva, transferible, con posibilidad de ser sub-otorgada, sin royalties, aplicable globalmente, para utilizar cualquier contenido de PI que publiques en … o en conexión con …".

De hecho existen casos en los que personas que han publicado sus contenidos en redes sociales y que posteriormente han llegado a tener cierta fama, tuvieron problemas para la publicación comercial de sus trabajos.

En conclusión, en todos los casos debemos leer los contratos, concretamente y por el gran número de elementos que se suelen publicar, debemos tener especial atención a los contratos relacionados con redes sociales.

Otra problemática es la falsa disponibilidad de nuestro contenido. Si leemos los contratos, lo normal es que nos digan que nosotros podremos eliminar el contenido en el momento que queramos. El problema es que, como sigue diciendo, este contenido no se eliminará directamente, sino que permanecerá en caché un tiempo y por tanto disponible.

Y esta caché no es la única que almacena datos: si nosotros mantenemos el contenido público, será posible acceder a éste a través de búsquedas en Google y por tanto la caché de este buscador actuará igual, manteniendo un determinado tiempo los datos aun habiéndolos eliminado de la ubicación original.

Por lo tanto es recomendable hacer ver estas "inseguridades" e insistir en que se deben colgar las imágenes justas y nunca con contenido personal en ellas.

11

GOOGLE BLOGGER. BLOG PERSONAL

Cada día es más habitual que los usuarios de Internet quieran tener y poner a disposición de otros usuarios determinada información. Para ello, podemos hacer uso de diferentes herramientas que Internet nos aporta, tales como los blogs (similares a los diarios) o la creación de páginas web gratuitas con plataformas como la que nos ofertan **Google Blogger** y **Google Sites**, este último explicado en un capítulo anterior.

Lo primero que tenemos que tener claro es que un blog no es más que un diario desarrollado y mantenido en Internet. Y aunque este diario puede tener su seguridad, no debemos olvidar que no está guardado bajo llave.

11.1 CREACIÓN DE UNA CUENTA EN BLOGGER

Lo primero que tendremos que hacer es acceder a su área de registro, que en el caso de Google Blogger está en la dirección web *https://www.blogger.com/*. El proceso es tremendamente sencillo, basta con que pulse sobre el botón **Crear Blog Ahora** y seguir los pasos que nos propone.

Google Blogger es una de las utilidades que Google pone a nuestra disposición de manera gratuita. Por lo tanto con tener una cuenta de correo web de Google, Google Gmail, ya podemos tener acceso a ella. La ventana de acceso que se nos presentará es similar a la presentada para acceder a Google Gmail.

11.2 DESCRIPCIÓN INCIAL DE BLOGGER

Una vez terminado el proceso de registro nos toca comenzar a publicar. Pero, ¿qué son todos esos botones que aparecen? Intentaremos explicar lo más imprescindible para iniciarnos en su uso.

Aunque en la imagen que vamos a exponer podemos intuir alguna de las funcionalidades, vamos a mirar con más detalle punto a punto.

Figura 11.1. Opciones de Google Blogger.

11.2.1 Creación de un Blog

Si pulsamos sobre la opción de **Nuevo Blog**, se nos presentará una pantalla en la que podemos introducir el título del blog, el estilo visual del mismo, asociándole una plantilla y el nombre de dirección deseada.

NOTA

La selección de plantillas presentada en este formulario de creación son limitadas. Posteriormente se podrá modificar eligiendo entre una de las múltiples que se nos presenta en la amplia galería.

Figura 11.2. Datos iníciales del nuevo Blog.

Como podemos ver en el apartado **Dirección**, el nombre será del tipo **nombre_deseado.blogspot.com**. El **nombre_deseado** lo asignaremos nosotros, y tendrá que estar disponible.

Una vez creado, se verá una nueva pantalla con todas las opciones de gestión de este nuevo blog. Podemos administrar, desde aquí, multitud de opciones tales como crear, modificar o borrar nuevas publicaciones, estilos del blog, gestionar las visitas,…

Figura 11.3. Opciones del Blog recién creado.

En la parte izquierda se nos presenta un menú con las diferentes opciones disponibles. Para empezar, las más interesantes son:

▼ **Entrada nueva.** Añadir una nueva entrada al blog con la fecha actual.

▼ **Visión General.** La visión proporcionada en la imagen anterior.

▼ **Entradas.** Listado de entradas publicadas.

▼ **Comentarios.** Los diferentes visitantes de nuestro blog podrán dejar comentarios en las publicaciones que realicemos. Desde aquí podemos moderarlos.

▼ **Google+.** Opciones de vinculación de nuestras publicaciones, comentarios con la red social.

▼ **Estadísticas.** Podemos ver desde aquí las estadísticas de visitas de nuestro blog.

▼ **Ingresos.** Opciones de ingresos por visitas, o lo que es lo mismo, inserción de publicidad a cambio de cobrar por ella. Estos ingresos variarán según el número de visitantes y la pulsación de éstos a los enlaces.

▼ **Campañas.** Google nos da posibilidades en este apartado de generar campañas de expansión de nuestro blog con la búsqueda de nueva audiencia.

▼ **Diseño.** Estética del blog y su distribución, cada cuadrado puede ser reeditado con la simple acción de arrastrar.

▼ **Plantilla.** Modificación de la visualización seleccionada.

▼ **Configuración.** Espacio reservado a personalizar la configuración de uso de nuestro blog, aquí marcaremos los aspectos relacionados con nuestra seguridad.

NOTA
Nada más entrar, en el área central podemos ver la estadística de visitas de nuestro blog.

11.2.2 Creación de Entradas

Si pulsamos la opción de **Entrada nueva** nos mostrará un nuevo formulario que debemos rellenar para que la entrada sea efectiva.

Dentro de la nueva entrada se podrán añadir imágenes, videos y personalizar el texto en características como su color, tamaño o posicionamiento del mismo. Para completar la publicación tendremos que pulsar en **Publicar**.

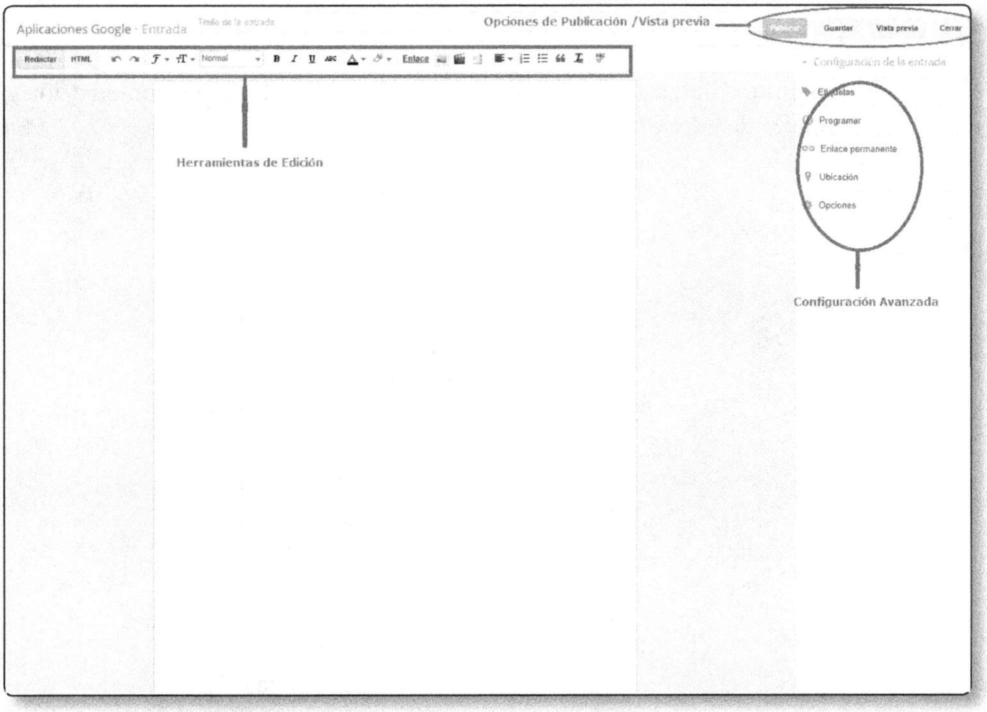

Figura 11.4. Nueva entrada en el Área de Creación de Entradas.

Podemos atender a la publicación definiendo aspectos situados dentro de la configuración avanzada:

▶ **Etiquetas:** en caso de prever que vamos a publicar bastante contenido, es recomendable etiquetar las diferentes entradas con la intención de que se cree una clasificación.

Las etiquetas las decidimos nosotros y agruparán las publicaciones de manera que pueda existir una clasificación.

▼ **Programar:** podemos programar la entrada para que se publique en un momento concreto, de manera que redactemos la publicación, pero no sea efectiva hasta que no queramos. Por defecto se publica nada más pulsar el botón **Publicar**.

▼ **Enlace permanente:** por defecto, Blogger coge el nombre de nuestro título de publicación para definir la dirección web. No obstante, podemos hacer que esa dirección sea personalizada y no tenga que ver con dicho título.

▼ **Ubicación.**

▼ **Opciones.** Podemos personalizar aspectos asociados a los comentarios y modelo de edición.

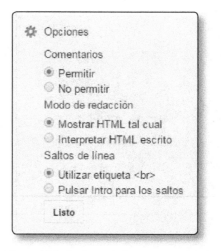

Figura 11.5. Opciones de la nueva entrada.

11.2.3 Configuración

Dentro de configuración podemos personalizar gran número de elementos.

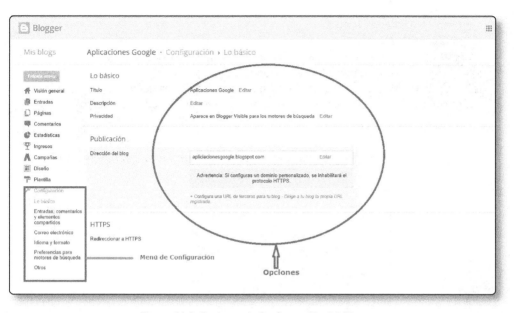

Figura 11.6. Opciones de Configuración del Blog.

Si seleccionamos **Configuración** veremos dentro una serie de opciones de configuración:

▸ **Lo Básico.** Definición del título del blog y su descripción, así como el modelo de privacidad al que queremos acogernos. Indicando si queremos que este Blog sea público en los motores de búsqueda como Google.

▸ **Entradas y comentarios.** Opciones sobre los posibles comentarios que puedan dejar los visitantes de nuestro blog. Igualmente, este apartado tiene unas opciones que son especialmente interesantes.

- **Máximo número de entradas a mostrar:** para mostrar las demás tendremos que darle a un enlace específico.

- **¿Quién puede comentar?:** muchas veces que nos interesa que los comentarios no puedan ser anónimos, ampliando así el grado de seguridad del blog.

- **Moderación de comentarios:** sea como sea la manera en la que pongamos los comentarios, podemos moderarlos y decidir cuáles se publican y cuáles no.

- **Mostrar verificación de palabras:** para evitar el ataque de *bots* suele ser interesante tener activa esta característica.

NOTA
Un *bot* es un programa informático, imitando el comportamiento de un humano. (Definición de Wikipedia).
Puede usarse para escribir comentarios automáticamente, usado generalmente como un modo no ético de inserción de publicidad automatizada.

- **Mostrar backlinks:** enlace desde donde viene el comentario.

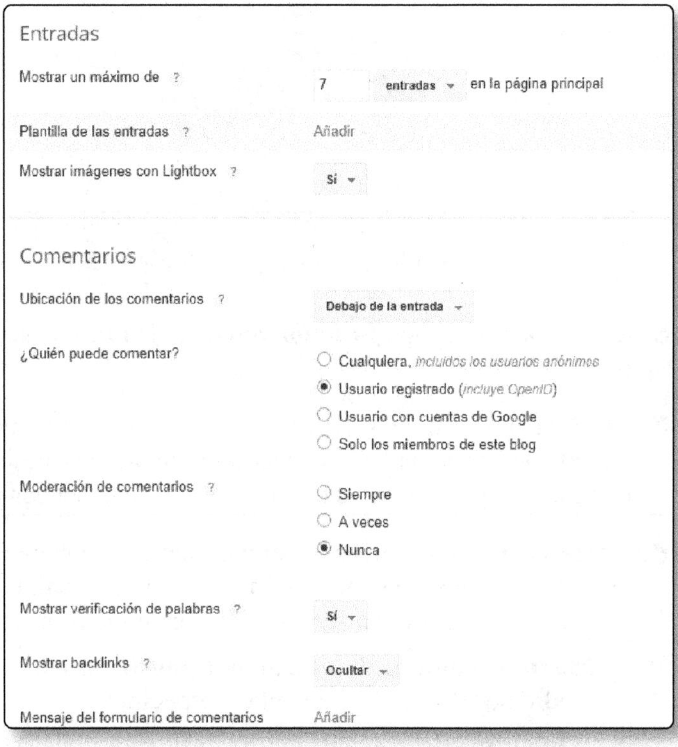

Figura 11.7. Entradas y Comentarios.

- **Móvil y Correo electrónico.** Opciones de publicación mediante teléfono móvil o correo electrónico.
- **Idioma y Formato.** Configuración de los formatos de nuestro blog, como por ejemplo, el formato de fecha y hora.

▶ **Preferencias para motores de búsqueda.** Como su nombre indica, podemos definir como queremos que se nos encuentre en los motores de búsqueda.

▶ **Otros:**

- **Feed del sitio.** Modo de seguimiento que permitimos.

- **OpenID.** Unificador de identificadores. Es una forma de unificar varios nombres de usuario bajo uno solo.

11.2.4 Diseño

El área de diseño nos aporta de forma fácil opciones de personalización de la estética de nuestro *blog*. Desde los colores y posiciones de los elementos hasta la inclusión de nuevos elementos conocidos dentro de Blogger como *gadgets*.

Figura 11.8. Opciones de Diseño del blog.

▶ **Añadir un gadget.** Nos permite insertar nuevas opciones a nuestro blog. Cada cambio que se realice aquí hay que recordar que tenemos que darle a **Guardar disposición**. También podemos cambiar su ubicación arrastrando la caja deseada.

Figura 11.9. Listado de Gadgets.

11.2.5 Algunos gadgets

11.2.5.1 MENÚ CON ETIQUETAS

Hay veces que no nos interesa tener un blog de manera estricta, y que lo que nos apetece es poder darle un aspecto más similar al de una página web.

Esto podemos hacerlo, por ejemplo, poniendo un menú con las etiquetas principales. Basta con añadir una sola noticia o post por etiqueta principal y, aunque como decimos no será una web real, podemos simularla.

Figura 11.10. Gadget de etiquetas.

Una vez añadido al área deseada dentro del espacio de diseño, sólo queda configurarla.

Figura 11.11. Opciones de configuración del *gadget* etiquetas.

Las opción principal es la que esta nombrada como **Mostrar**, ya que desde ella podemos decidir que etiquetas queremos que se presenten. De manera que podamos generar etiquetas a modo de botones de acceso a diferentes áreas, como se explicó en el inicio del este punto.

11.2.5.2 FORMULARIO DE CONTACTO

Como podemos ver en la parte derecha, además de los *gadgets* generales, podemos añadir otro tipo de *gadgets* asociados con funcionalidades especiales o de terceros. Estos los tenemos en la pestaña **Más gadgets**.

En nuestro caso vamos a añadir uno llamado **Formulario de contacto**.

Figura 11.12. Gadget formulario de contacto.

Tras la inserción, la pantalla de configuración nos pedirá que indiquemos el título del *gadget*.

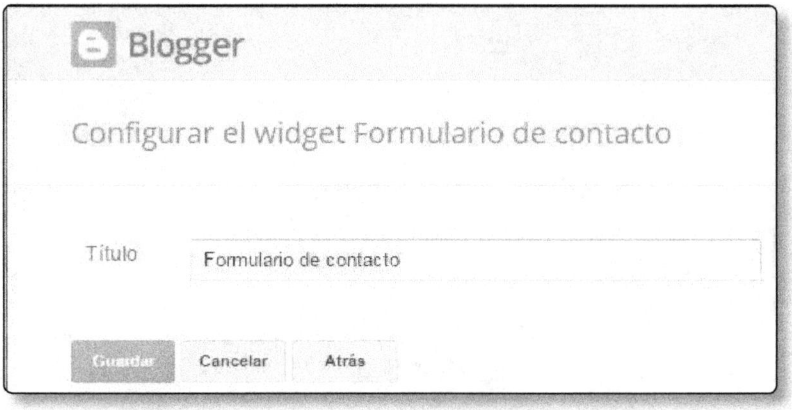

Figura 11.13. Configuración del gadget formulario de contacto.

Al darle a **Guardar** pasaremos a tenerlo activo. Cualquier mensaje que se mande desde este formulario será enviado a la cuenta del administrador del blog.

Figura 11.14. Gadget formulario de contacto activo en el blog.

11.2.6 Modificar la plantilla

Cuando creamos nuestro blog, seleccionamos una plantilla a modo de como queríamos que se viera nuestro blog. Pero este proceso no es definitivo. Desde este apartado podemos seleccionar otras plantillas que cambiarán la estética de nuestro blog.

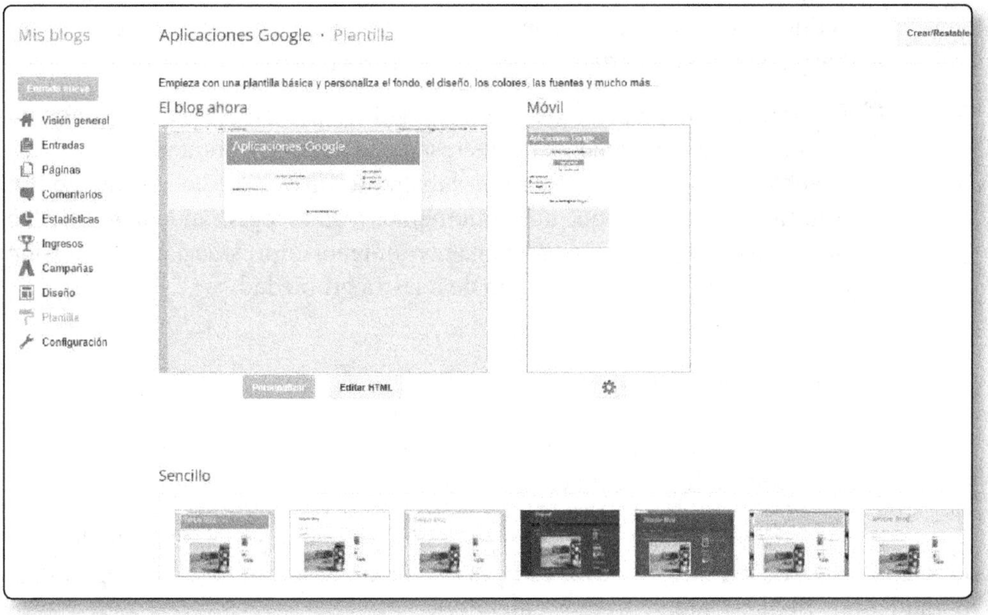

Figura 11.15. Selector de plantillas.

11.3 RECOMENDACIONES

Para no variar, se hacen una serie de recomendaciones no tajantes que se deben tener en cuenta en el proceso de creación y administración de este nuevo blog, o nuestra nueva web:

▼ Se aconseja que los comentarios sean moderados para evitar la entrada de comentarios basura.

- Cuidado con dar permisos de edición a personas no del todo confiables. Si se decide hacer esto, en ningún momento les daremos privilegios de Administrador, pues en ese caso podrán echarnos de nuestro propio blog o web, sin posibilidad de volver a recuperar nuestros privilegios.
- El contenido del blog. Si no cambiamos nada en la configuración, será totalmente público. Esto quiere decir que esa información puede ser visualizada por cualquiera que tenga acceso a Internet y por tanto podrá ser utilizada por estos en contra nuestra. Así que no pondremos en nuestro blog o web, ningún dato privado que pueda ponernos en peligro.
- Esta misma información (texto, fotos, vídeos...) es común que, pasado un tiempo, y si es suficientemente interesante se pueda encontrar en otros blogs, o webs. Vamos, que nos la habrán substraído sin nuestro conocimiento. En este caso se aconseja que nos anticipemos a ellos registrando la propiedad de los mismos y por tanto tener una herramienta de presión para la inclusión de nuestra autoría o eliminación de nuestra propiedad.

11.3.1 Registro de Propiedad

Como todo el mundo conoce, el medio más extendido de registro de propiedad es el Copyright, pero no es el único.

Existe otra alternativa que va en contra de muchos principios establecidos por dicha forma de registro y que muestra su oposición desde su nombre Copyleft, si lo traducimos literalmente podremos entenderlo.

¿Dónde encuentro esto? Pues lo primero que tendremos que hacer es identificar nuestro blog o cualquier producto que consideremos mediante este sistema de registro. Para obtener más información de las diferentes licencias de uso accederemos a *http://es.creativecommons.org/*.

Realizado este paso que es meramente informativo, tendremos que proceder a registrar de una forma real nuestro producto. Insistimos que puede ser desde un libro hasta una canción pasando, cómo no, desde una foto hasta un blog entero.

NOTA

¡Cuidado!, el registro del blog entero indica que todo lo que tiene que ver con él lo hemos realizado nosotros. Esto es mentira en el caso de Blogger, pues los códigos del blog no los creamos nosotros, sino que se nos proporcionaron libremente, y por tanto podríamos tener problemas con este tipo de registro.

Para realizar dicho registro acudiremos a *www.safecreative.org*.

NOTA
Se aconseja leer atentamente si en nuestro país es válido este sistema de registro. De no serlo no nos servirá a título legal. En España sí lo es.

¿Cuesta algo? Pues aquí la pregunta más interesante. Nada es gratis y este procedimiento no es menos. Claro que nos costará algo y esta cuantía se reduce al precio que tenga el tiempo que le dediquemos al proceso de registro. Nada más. Así que podríamos decir que sí es gratis. Todo esto pertenece a una de tantas alternativas libres y gratuitas que nos proporciona la red.

NOTA
Para entender esto del Copyleft con mayor detalle se recomienda leer el libro "Copyleft Manual de Uso" disponible en *http://www.traficantes.net*

12

GOOGLE CHROME.
EL NAVEGADOR WEB DE GOOGLE

Quizás lo más realizado en Internet es la navegación web, o lo que es lo mismo el visionado de páginas web.

Por lo tanto, es importante que sepamos con qué programa podemos hacer este proceso de consulta y visionado. Estos programas son los navegadores web, y en la actualidad existen diferentes alternativas propuestas por diferentes empresas. En el caso de Google contamos con Google Chrome, un navegador que es la derivación del proyecto de software libre desarrollado para Chromium, tal y como podemos ver en el área de información de Google Chrome.

Google Chrome

Copyright 2016 Google Inc. Todos los derechos reservados.

Google Chrome es una realidad gracias al proyecto de software libre Chromium y a otros programas de código abierto.

Condiciones de servicio de Google Chrome

Figura 12.1. Información sacada de Google Chrome.

NOTA
Para más información relacionada con el proyecto Chromium, podemos acceder a la dirección *web https://www.chromium.org/*.

12.1 ¿QUÉ SON LOS NAVEGADORES?

Podríamos definir los navegadores como el barco que navega por el océano, siendo este océano Internet. Como pasa con los barcos reales, existen muchos tipos de navegadores más o menos rápidos, más o menos seguros. Por lo tanto lo primero que debemos hacer es elegir un buen barco.

¿Por qué elegir Google Chrome? Repuesta sencilla de contestar. Este es un navegador respaldado por una gran organización, además de contar con multitud de desarrolladores externos que crean complementos de manera continuada para ampliar y mejorar su funcionalidad. Además es un navegador web compatible con prácticamente todas las plataformas disponibles, tanto fijas como móviles.

Si tuviéramos que hablar de algún aspecto "negativo", está el de la libertad de instalarlo, ya que no tienen acuerdo de preinstalación con ningún sistema operativo. Incluso con la mayoría de sistemas operativos Android deberemos decidir si quedarnos con el sistema que nos proporciona o instalar este. Pero, ¿es la libertad un problema?

12.2 DESCARGAR E INSTALAR GOOGLE CHROME

Para descargar la aplicación Google Chrome iremos a la dirección web *https://www.google.es/chrome/browser/desktop/*, desde donde se nos reconocerá el sistema operativo que tenemos instalado y se nos ofrecerá la descarga del paquete de instalación necesario.

Figura 12.2. Página de descarga de Google Chrome.

NOTA

Si no queremos descargar la opción que nos ofrece, véase por ejemplo que estamos trabajando en GNU/Linux pero queremos la opción de Microsoft Windows, pulsaremos sobre el texto **Descargar Chrome para otra plataforma**. Esto nos llevará a la lista de descargas disponibles.

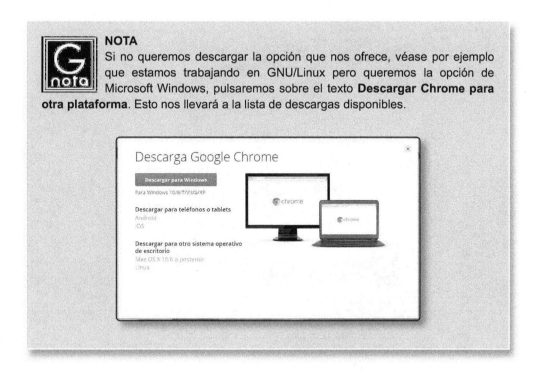

Por lo demás, el proceso de instalación es sencillo. Basta con seguir los pasos que se nos van indicando.

12.3 ESTRUCTURA DE GOOGLE CHROME

Cuando abrimos Google Chrome lo primero que vemos es un entorno muy minimalista y centrado en los aspectos principales de la navegación, tales como la barra de dirección, volver a la dirección anteriormente vista, acceso al menú de opciones del propio navegador o accesos directos a diferentes áreas (como favoritos). Ademá,s en la parte de arriba, se nos ofrece un espacio de visualización de estas que nos ayudará a ver las diferentes páginas que podamos tener abiertas.

NOTA

Como veremos más adelante Google Chrome nos ofrece la opción de personalizar el proceso de navegación a través del uso de la cuenta de Google que tenemos previamente creada.

Figura 12.3. Esquema de Google Chrome.

Uno a uno los diferentes apartados que nos encontramos son:

▶ Menú de navegación: se incluye las flechas de navegación que nos permiten avanzar o retroceder en la lista de páginas web visitadas desde que se abrió Google Chrome. Y la **X,** que nos permitirá anular la carga de la web.

▶ Área de pestañas: en la pestaña activa veremos el título de la página web que tiene asociada. A la derecha de la última pestaña creada tenemos una pequeña pestaña con el símbolo + que nos ofrece la posibilidad de crear nuevas pestañas sin necesidad de tener que cerrar las anteriores.

▶ Dirección web: podremos introducir la dirección web del sitio a visitar o texto a buscar en el buscador que tengamos asociado al navegador. Más adelante veremos cómo configurar y seleccionarlos.

▶ El menú del navegador nos presenta acciones útiles tales como el **zoom**, Además del acceso a espacios de configuración del navegador web Google Chrome.

12.4 MENÚ DE GOOGLE CHROME

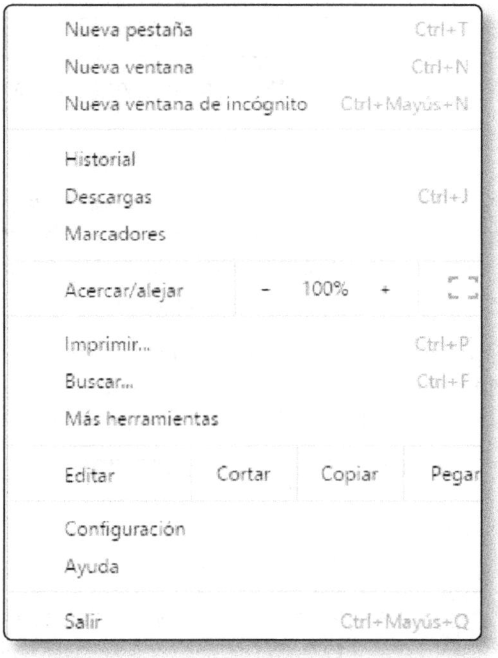

Figura 12.4. Menú de Google Chrome.

En el menú de Google Chrome podemos destacar algunas opciones concretas con las que podemos trabajar directamente. Vamos a obviar las opciones que se pueden ejecutar desde los botones descritos en la imagen anterior.

▶ Nueva ventana de incógnito: en este caso se creará una ventana privada de navegación que no almacenará localmente ningún dato asociado, tal como contenidos de formulario o historial de navegación. Podemos saber que estamos usando este modo de navegación gracias a la imagen característica del espía situado en la esquina superior izquierda.

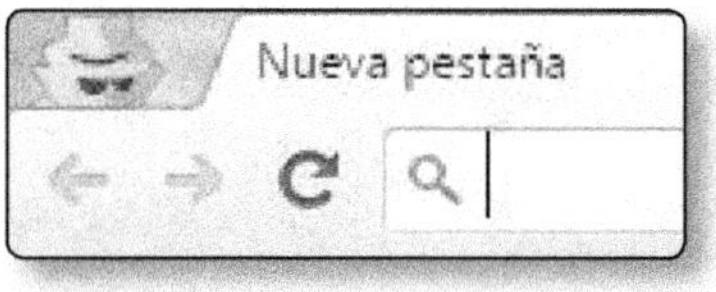

Figura 12.5. Identificación del modo incógnito de Google Chrome.

▶ Herramienta de zoom: con ella podremos ampliar o reducir todo el contenido de la página web que estemos visitando en ese momento. Si queremos volver al estado original, basta con llevarlo al 100%.

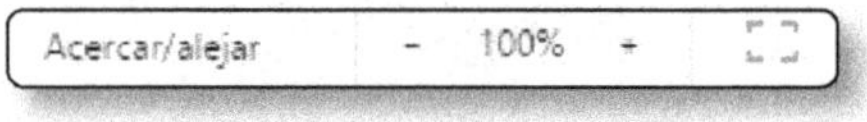

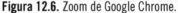

Figura 12.6. Zoom de Google Chrome.

NOTA

El recuadro que aparece a la derecha nos pondrá la página web en modo de pantalla completa, lo que hará que se oculten todos los menús. Para volver al estado anterior pulsaremos la tecla **F11**.

▶ Más herramientas: desde aquí accederemos a los datos de codificación de la página web y a las herramientas para desarrolladores. Quizás esta sea la opción más interesante, la cual veremos un punto dedicado a ello.

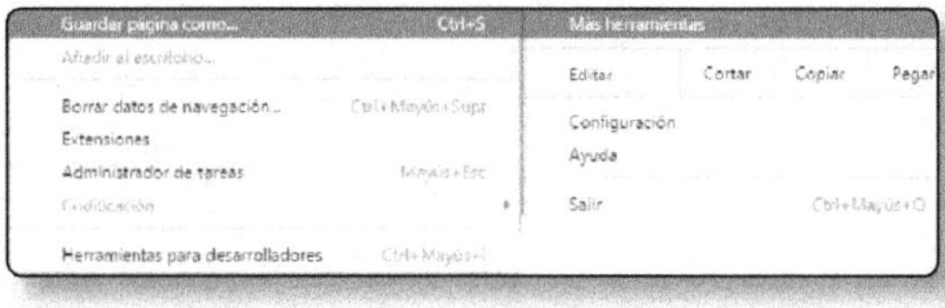

Figura 12.7. Más herramientas de Google Chrome.

▶ Configuración: área de configuración propia de Google Chrome.

Figura 12.8. Configuración de Google Chrome.

NOTA

Podemos acceder a la configuración de Google Chrome desde la barra de direcciones escribiendo chrome://settings/.

12.5 ACCIONES QUE PODEMOS REALIZAR CON GOOGLE CHROME

La mayor parte de las acciones que podemos llevar a cabo las realizaremos desde el menú principal del navegador web.

Como podemos ver en el menú, muchas de las acciones que se nos presentan son similares a las que podemos hacer de manera directa desde el propio navegador y los botones expuestos en la imagen anterior. Como por ejemplo la creación o apertura de una pestaña nueva en el navegador.

12.5.1 Trabajar con la herramienta para desarrolladores

El acceso a la herramienta de desarrolladores la llevaremos a cabo desde el **menú principal > Más herramientas > herramientas para desarrolladores**.

Una vez accedido, la ventana se nos dividirá en dos. En la parte izquierda seguiremos viendo las web que hemos visitado y en la derecha se nos mostrarán las herramientas indicadas.

Figura 12.9. Herramientas para desarrolladores de Google Chrome.

Aunque esta no es una obra que pretenda profundizar en el aspecto de desarrollo, lo que sí se quiere mostrar es alguna de las funcionalidades que nos pueden resultar más atractivas. En ellas, si miramos en la barra superior de la barra de herramientas para desarrolladores, desde la izquierda podemos ver un icono con forma de rectángulo vertical que simboliza un dispositivo móvil. Si pulsamos sobre él podemos ver cómo se visualiza en dispositivos móviles de diferentes dimensiones y resoluciones.

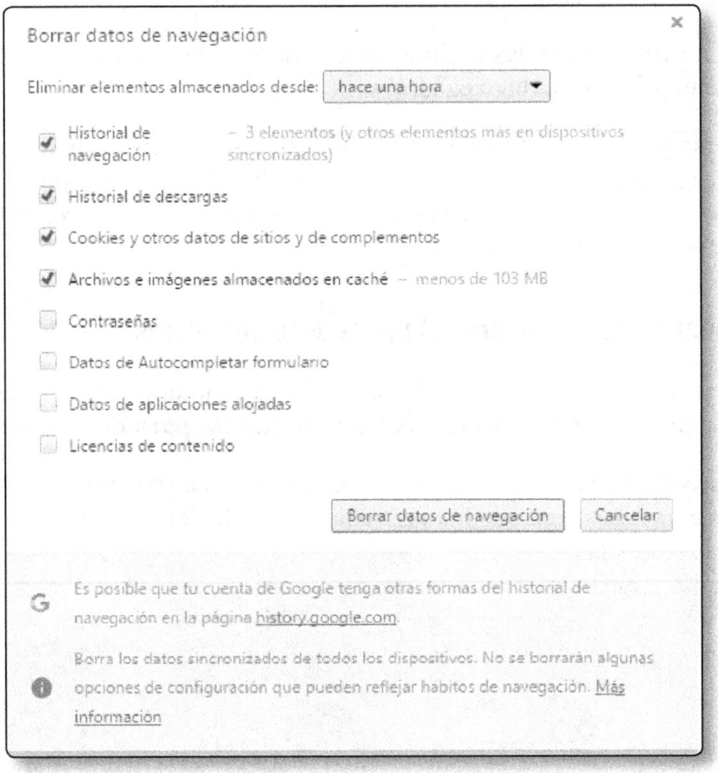

Figura 12.10. Visualizador de dispositivos móviles de Google Chrome.

12.5.2 Accesos especiales desde la barra de direcciones

Desde la barra de direcciones se puede acceder a acciones especiales, tales como la configuración (ya visto en un punto anterior). Pero también podemos acceder a opciones que no tienen acceso desde el menú.

Algunas de ellas son:

▼ chrome://version

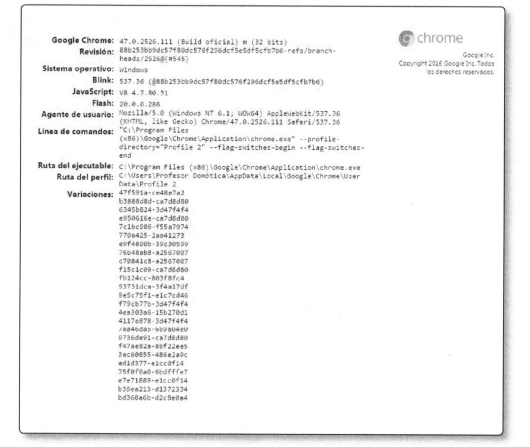

Figura 12.11. chrome://version

- chrome://chrome-urls/, listado de las direcciones expuestas y más no vistas.

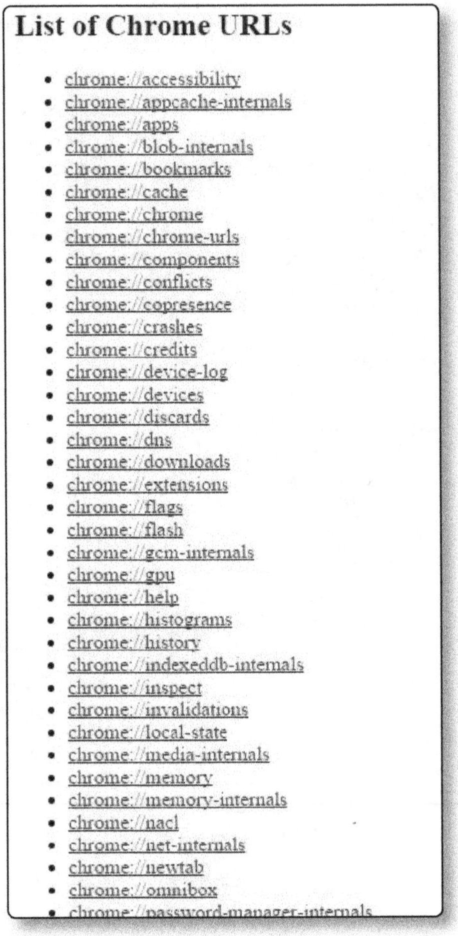

Figura 12.12. chrome://chrome-urls/

12.5.3 Borrar datos de navegación

Borrar los datos de navegación es algo que debemos tener siempre presente en caso de navegar desde ordenadores que no sean los nuestros, o simplemente para que el uso de la caché asociada no se nos haga infinita.

Como podemos ver en la imagen, para realizar este proceso de limpiado de información, bastará con que seleccionemos las opciones **Más herramientas > Borrar datos de navegación**.

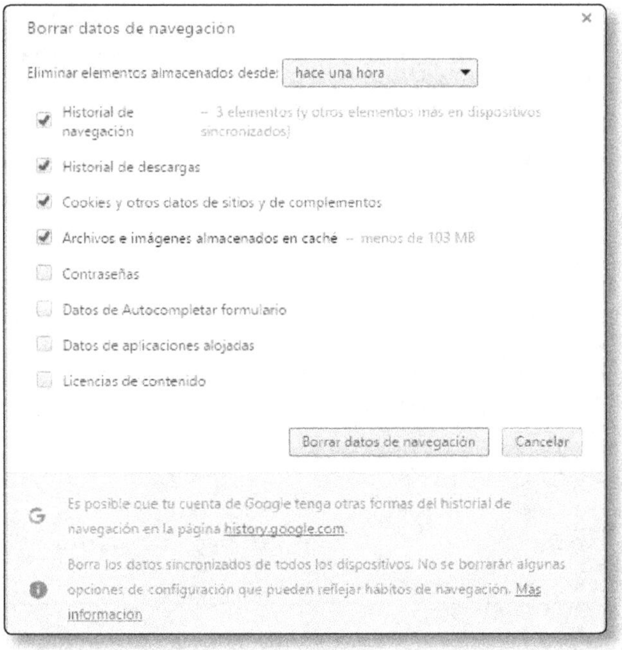

Figura 12.13. Borrar los datos de navegación en Google Chrome.

NOTA

Cuidado, pues el borrado de este tipo de datos no es absoluto, pues muchos de los datos de navegación no sólo se guardan a nivel local.

12.5.4 Realizar descargas con el navegador web

Cuando descargamos cualquier programa desde Internet, se nos guardará en la carpeta **Descargas**, situada dentro de **Mis documentos**. Este será el lugar de descarga predeterminado, aunque esta ubicación puede ser alterada y personalizada.

Si por algún motivo no encontramos el contenido descargado en dicha ubicación asignada por defecto, puede ser porque se haya cambiado el destino predeterminado. Para comprobar el destino actual lo haremos de la siguiente manera: accederemos al **menú del navegador web**, y en el listado que nos aparece pulsaremos sobre **Configuración**. Esto nos abrirá una nueva pestaña en la que en la parte inferior veremos que pone **Más opciones avanzadas**. Tendremos que pulsar para que se extienda el contenido y bajaremos hasta llegar a **Descargas**.

Chrome   Configuración   Buscar ajustes

Historial   Google Chrome está utilizando la configuración de proxy del sistema de tu ordenador para conectarse a la red.

Extensiones   Cambiar la configuración de proxy...

Configuración   Idiomas

                Cambiar cómo administra y muestra Chrome los idiomas Más información

Información   Configuración de idioma y de introducción de texto...

                ☑ Preguntar si quieres traducir páginas que no estén escritas en un idioma que entiendas. Administrar idiomas

                Descargas

                Ubicación de la descarga: C:\Users\srami_000\Downloads   Cambiar...

                ☐ Preguntar dónde se guardará cada archivo antes de descargarlo

                HTTPS/SSL

                   Administrar certificados...

                Google Cloud Print

                Configurar o administrar impresoras en Google Cloud Print. Más información

                   Administrar

                ☐ Mostrar notificaciones cuando se detecten nuevas impresoras en la red

Figura 12.14. Configuración de la ubicación de descarga en Google Chrome.

12.5.5 Jueguecillo de Chrome

Como a Google no le gusta que nos quedemos ociosos y sin nada que hacer, nos ofrece la posibilidad de jugar a un jueguecillo integrado en el navegador que se activará siempre que tengamos problemas con la conexión de internet.

Si vemos que aparece un dinosaurio, quiere decir que el juego está activo. Para empezar pulsaremos la tecla arriba del teclado y tendremos que asegurarnos de saltar todos los baches.

Figura 12.15. Juego integrado en Google Chrome.

12.5.6 Iniciar y cerrar sesión en Google Chrome

La sesión propia de Google Chrome asociada a la cuenta de Google nos permite tener centralizados en la nube todo lo relacionado con nuestro navegador web; datos tales como nuestros marcadores, sin necesidad de tener que duplicarlos en cada equipo en que nos pongamos a trabajar.

El inicio de sesión se lleva a cabo pulsando en el monigote que aparece en la parte superior derecha.

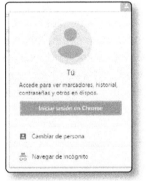

Figura 12.16. Inicio de sesión en Google Chrome.

Una vez pulsemos sobre **Iniciar sesión en Google** sólo quedará validarnos con nuestra cuenta de Google. Como podemos ver en la parte superior, aparecerá el nombre que tengamos asociado con nuestra cuenta.

Figura 12.17. Sesión iniciada en Google Chrome.

NOTA

Debemos tener cuidado con esta tarea, ya que si hacemos esto en todas y cada una de las máquinas que nos conectemos, estaremos dejando toda persona que se conecte a Google Chrome en esa máquina pueda acceder a nuestras cuentas y servicios de Google

Si hemos validado nuestra cuenta y queremos dejar de usarla en esa máquina, el proceso de desconexión pasa por pulsar en el nombre de nuestra cuenta en la misma ubicación del monigote anterior. Luego seleccionaremos **Cambiar de persona** y en la ventana que aparece con las cuentas validadas en Google Chrome, pulsaremos sobre la imagen de nuestra cuenta. En ella aparecerá un icono de una pestaña en la parte superior derecha. Pincharemos sobre ella y seleccionaremos **eliminar a esta persona**.

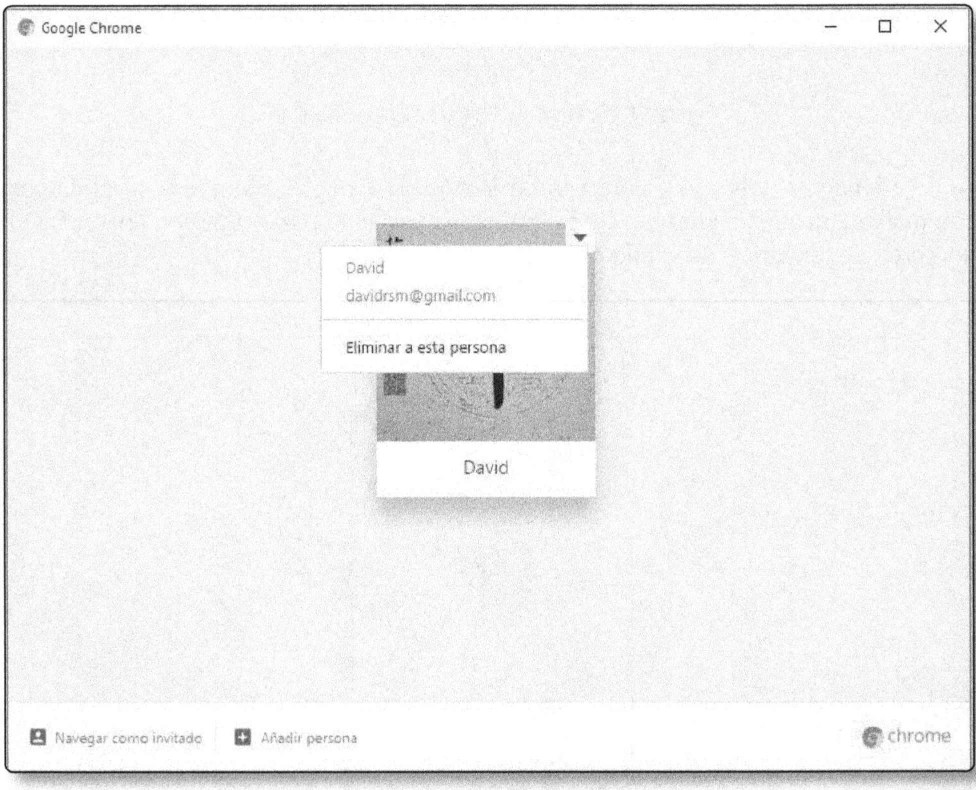

Figura 12.18. Eliminación de sesión iniciada en Google Chrome.

12.5.7 Trabajar con impresoras en modo remoto

Una característica muy interesante de Google Chrome es la posibilidad de imprimir remotamente. Esto quiere decir que si tenemos un equipo local con una impresora conectada a él, o simplemente configurada para poder imprimir en ella a través de la red local, podemos hacer uso de internet y Google Chrome para imprimir en ella desde cualquier lugar donde nos encontremos. Solamente tendremos que asegurarnos de tener conexión a internet en dicho lugar.

Pero vamos a explicarlo paso a paso.

Lo primero que tenemos que hacer para sacarle jugo a esta funcionalidad es abrir Google Chrome del ordenador que tiene la impresora configurada para poder imprimir desde él y **activar nuestra cuenta** en él. Esto lo hacemos desde el icono de la barra superior que tiene una figura en su interior y de la que hemos hablado en el punto anterior.

Luego nos iremos a **Menú principal > configuración** y en la parte inferior de la ventana abierta pulsamos **Mostrar configuración avanzada**. Bajaremos hasta el apartado donde pone **Google Cloud Print**.

Google Cloud Print

Configurar o administrar impresoras en Google Cloud Print. Más información

Administrar

☐ Mostrar notificaciones cuando se detecten nuevas impresoras en la red

Figura 12.19. Apartado de configuración de Google Cloud Print en Google Chrome.

Ahora pulsaremos **Administrar** y veremos el listado de dispositivos que Google Cloud Print puede utilizar y configurar.

Figura 12.20. Dispositivos disponibles para Google Cloud Print en Google Chrome.

Ya sólo queda pulsar **Añadir impresoras** y seleccionar la impresora deseada de la lista que se nos muestra.

Figura 12.21. Impresoras para registrar en Google Cloud Print en Google Chrome.

Desde este momento ya tendremos asociada esta impresora a la cuenta de Google.

Para poder imprimir desde otra máquina tendremos que dejar abierto el navegador donde hemos realizado en proceso de configuración, con nuestra cuenta validada.

Desde la otra máquina, esté donde esté, abriremos también Google Chrome y validaremos nuevamente nuestra cuenta.

Cuando imprimamos una página web veremos que se nos ofertan las impresoras locales, de haberlas, y las asociadas a nuestra cuenta con Google Cloud Print.

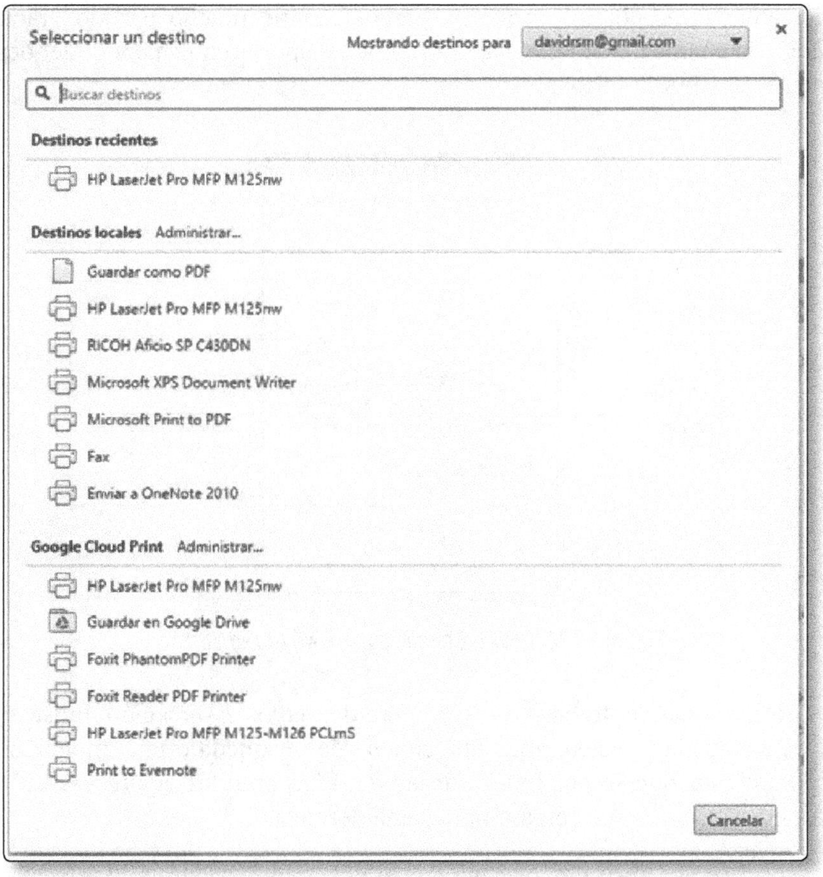

Figura 12.22. Listado de impresoras en Google Chrome.

NOTA
Dedicaremos un capítulo a ver con detalle cómo imprimir cualquier tipo de archivo desde Google Cloud Print.

12.6 GOOGLE CHROME EN EL MÓVIL

Prácticamente en la mayoría de los Smartphones, Google Chrome es una buena alternativa de uso frente al navegador que viene instalado por defecto en Android, entre otras cosas, porque podremos sacarle mucho partido gracias a la vinculación la cuenta de Google que normalmente aportaremos para poder descargar aplicaciones desde **Play Store**.

Figura 12.23. Google Chrome para móvil recién abierto.

El funcionamiento básico no requiere de mayor explicación: pulsaremos en el área de búsqueda y teclearemos una cadena de búsqueda o una dirección para ir a ella. Al solicitar que se nos muestren las pestañas abiertas, aparecerá un entorno sobrio donde podemos seleccionar la pestaña deseada.

Si queremos abrir una pestaña nueva pulsaremos el símbolo **más**.

Figura 12.24. Pestañas dentro de Google Chrome para móvil.

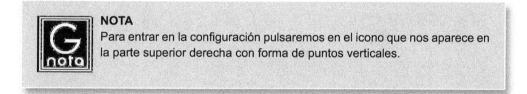

NOTA
Para entrar en la configuración pulsaremos en el icono que nos aparece en la parte superior derecha con forma de puntos verticales.

13

VARIOS GOOGLE.
UN POCO PARA TODO

Hasta ahora toda la obra se ha basado y redactado en una sola temática por capítulo, pero aquí el tratamiento será algo diferente. Google, además de lo que hemos, visto tiene algunas aplicaciones importantes, pero de carácter menor en relación a la complejidad de uso. Es decir, son programas que con pequeñas descripciones podemos entenderlos y sacarles gran uso, esto hace que dedicarle un capítulo sonara algo pretencioso y terminara quedando ridículo.

Las aplicaciones en cuestión a las que nos estamos refiriendo son:

▶ **Youtube**: empresa de videos online adquirida por la empresa Google.

▶ **Google Keep**: servicio de creación de notas. Algo así como un Post-it virtual.

▶ **Panoramio**: si Google Maps nos da un servicio amplio en relación a los mapas y rutas, en este caso podremos obtener imágenes de espacios y lugares publicadas por otros usuarios.

▶ **Google Earth**: información geográfica mediante un programa instalado en nuestra máquina.

▶ **Google Store**: espacio donde podemos ver las últimas propuestas de Google puestas en venta.

13.1 YOUTUBE

Aunque Google intentó competir con empresas como esta mediante su servicio de Google videos, pronto se dio cuenta que lo más rentable y razonable era la unión de este proyecto a otros de su empresa. Y este fue el resultado, la adquisición de la empresa que no ha perdido su identidad.

Youtube es fácil de acceder, pues podemos ir a su dirección web *https:// www.youtube.com* o podemos usar el buscador Google en modo videos.

NOTA
Usar Google en modo búsqueda de videos nos dará resultado de Youtube y de otras webs.

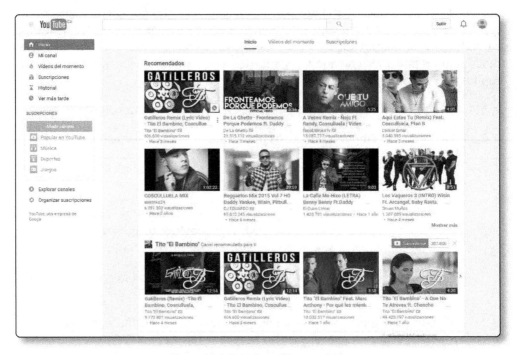

Figura 13.1. Youtube recién accedido.

Lo primero que vemos cuando se accede son las sugerencias recomendadas. Pero Youtube no acaba aquí: podemos publicar nuestros propios videos y crear nuestros canales de videos favoritos.

13.1.1 Subir nuestros videos

Siguiendo la lógica de uso de Google, accederemos con los datos de la cuenta registrada en él.

La subida de videos se puede llevar a cabo a través del botón que aparece arriba a la derecha nombrado con **Subir**

Figura 13.2. Botón de subir asociado a la cuenta.

Tras pulsar el botón lo primero que nos preguntará es como quién queremos que los videos sean subidos, de manera que queden vinculados al nombre de un perfil.

Subir como...

ejemploD

D

Al hacer clic en "Crear canal", aceptas las Condiciones de Servicio de YouTube. Más información

Los cambios que hagas se aplicarán al contenido de todos los servicios de Google que crees y compartas, y los verán las personas con las que interactúes. Más información

Utiliza un nombre de empresa u otro nombre

CANCELAR   CREAR CANAL

Figura 13.3. Identificación.

Ahora pulsaremos **Crear canal** para subir los videos a él. No olvidemos que al pulsar este botón estaremos aceptando los acuerdos y condiciones de uso.

Ya sólo quedará trabajar con el menú que se nos presenta, así como las acciones que se nos ofrece.

Figura 13.4. Opciones del canal.

NOTA
Una vez seleccionada la primera subida, las próximas veces que pulsemos se accederá directamente a nuestro canal.

13.1.2 Crear lista de reproducción

Con nuestra cuenta accedida crearemos o añadiremos videos a una lista ya creada pulsando el botón **Añadir a** del video deseado.

Figura 13.5. Opción añadir a lista.

Como vemos en la imagen, podemos seleccionar una lista ya creada o **crear nueva lista de reproducción**.

Para ver las listas creadas nos iremos a **Mi canal** del menú de la derecha y veremos que aparecen añadidas a este.

13.2 GOOGLE KEEP

Google Keep podríamos decir que es la actualización del servicio Post-it para dispositivos móviles y ordenadores sobremesa. Con él podremos crear avisos agrupados por colores y que nos servirán en nuestro día a día.

El acceso a este servicio lo tenemos en *https://www.google.com/keep/*, desde donde podremos empezar a probarlo.

Figura 13.6. Página principal de Google Keep.

Una vez hayamos accedido, el funcionamiento es muy sencillo. Como vemos en la parte central se nos ofrece la posibilidad de insertar una nueva nota. Basta con pinchar encima y empezar a escribir para que la nota se nos active y podamos rellenarla completamente.

Figura 13.7. Google Keep.

Cuando hayamos pulsado en añadir nota veremos que podemos personalizarla con colores, imágenes, programar un aviso,…

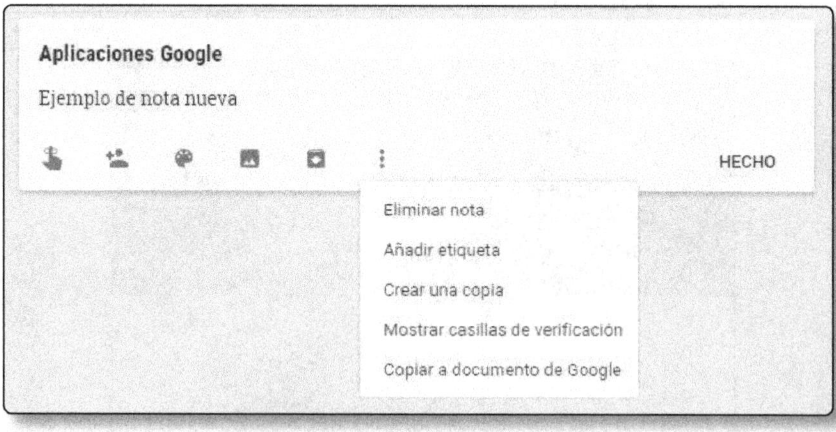

Figura 13.8. Detalles de la creación de nota de Google Keep.

De izquierda a derecha en el menú inferior tenemos:

▼ Recordatorio: podemos programar la hora y el día en que queremos que se nos avise.

▼ Compartir: las notas pueden ser compartidas con otros usuarios, al estilo de otros elementos de aplicaciones Google.

▼ Color: podemos definir el color de la nota con la intención de generar una mayor clasificación.

▼ Insertar imagen: podemos insertar una imagen ilustrativa en la nota.

▼ Archivar.

▼ Otras opciones:

- Eliminar nota.

- Añadir etiqueta: al igual que los colores, las etiquetas nos sirven para una mayor y mejor clasificación.

- Crear una copia.

- Mostrar casillas de verificación: cuando la nota sean tareas que debemos hacer. Por ejemplo, una lista de la compra en la que queremos ir marcando lo comprado.

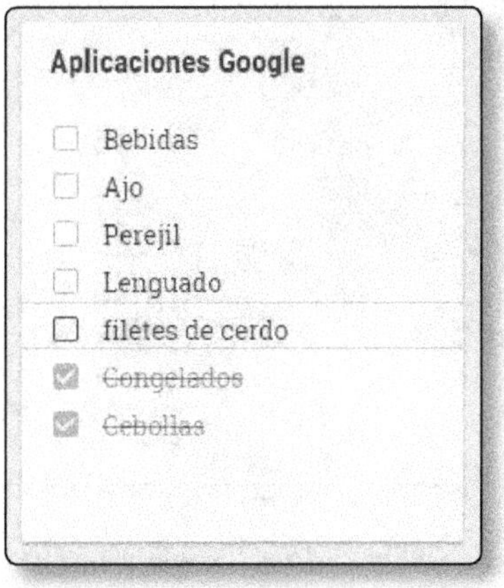

Figura 13.9. Lista con casillas de verificación activa.

- Copiar a documento de Google: hay veces que una simple nota puede llegar a transformarse en todo un Quijote, para eso ésta esta opción.

- Hecho: finalización y guardado de la nota.

NOTA
Para eliminar o editar una determinada nota, nos pondremos encima de ella y pincharemos. De esta manera la nota se abrirá y podremos actuar sobre el menú anteriormente explicado.

13.3 PANORAMIO

Panoramio, como ya se dijo, es una aplicación similar a Google Maps. La gran diferencia es que, en este caso, podemos ver imágenes de espacios concretos y curiosos de la zona deseada y que han sido publicadas por otros usuarios.

Este es uno de los casos en los que Google no ha creado direcciones que cuelguen de su propio dominio y ha respetado el dominio original. Por tanto, para acceder iremos a *http://www.panoramio.com/*.

Figura 13.10. Página principal de Panoramio.

Aunque podemos usar Panoramio sin estar registrados, el registro nos aportará funcionalidades extra.

Aunque Panoramio parece una aplicación independiente de Google, el acceso se lleva a cabo usando la cuenta de Google.

Cuando accedamos por primera vez se nos pedirá que pongamos un nombre de usuario que se asociará a las imágenes que subamos.

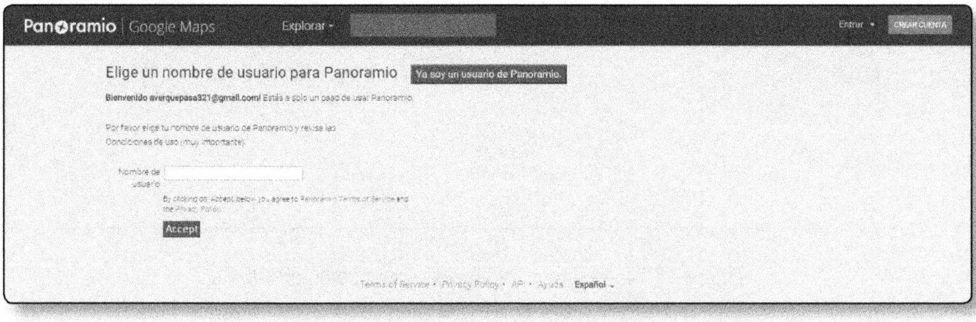

Figura 13.11. Acceso a Panoramio por primera vez.

13.3.1 Subir imagen a Panoramio

Para subir la nueva foto pulsaremos sobre el icono de la cámara que aparece en la parte superior derecha.

Figura 13.12. Menú del usuario.

En la pantalla de selección de imagen a subir veremos las características que esta imagen debe cumplir.

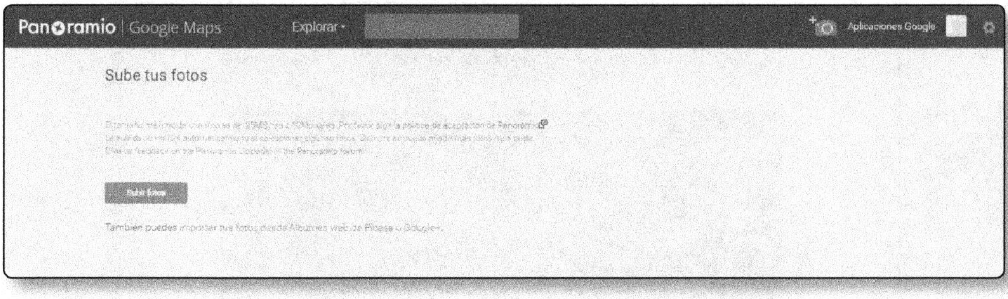

Figura 13.13. Características de la imagen a subir.

Seleccionada la imagen nos dará opciones de **añadir etiquetas** que ayudaran a que sea encontrada en el buscador y podremos igualmente **mapearla**.

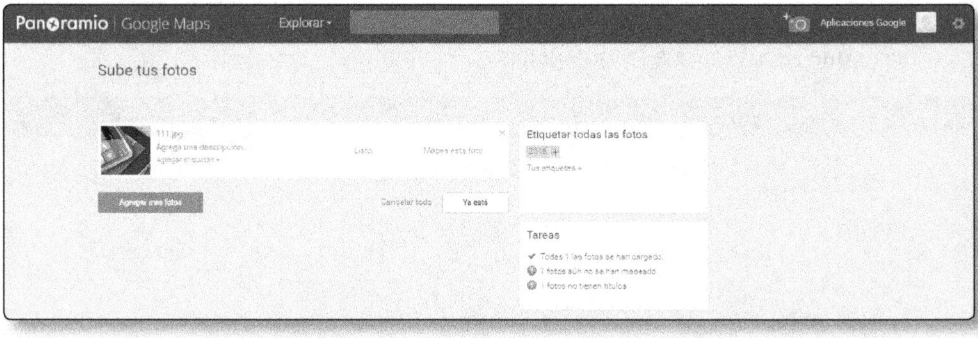

Figura 13.14. Imagen subida y lista para configurarla.

NOTA

El mapeado consiste en ubicar la imagen en el mapa, vinculando la imagen a una dirección concreta.

13.4 GOOGLE EARTH

En este caso lo que vamos a tratar es el uso básico de la herramienta escritorio de Google para mapas.

Google Earth lo podemos descargar, tras aceptar los acuerdos y licencias de uso, en *https://www.google.es/earth*.

Figura 13.15. Página principal del Google Earth.

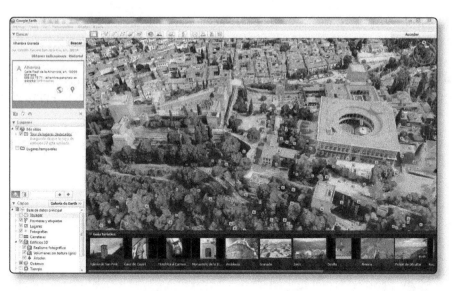

Figura 13.16. Google Earth instalado con una ubicación.

13.5 GOOGLE STORE

La empresa Google no sólo se dedica a aplicaciones software basadas en la nube. Desde hace un tiempo descubrió su interés a temas tan relacionados e inseparables como el hardware que usará este software.

Este hardware puede ser adquirido en su tienda en la web. La dirección de esta tienda llamada Google Store es https://store.google.com/.

Figura 13.17. Google Store.

13.6 MARCADORES

Si queremos poder tener acceso a nuestros marcadores independientemente de donde estemos ubicados, qué mejor opción que almacenarlos en la web. Google, como no podía ser de otra manera, también nos presenta una aplicación para ello.

Para acceder teclearemos en la barra de direcciones la dirección web https://www.google.es/bookmarks/. El acceso como supondrá el lector se llevará a cabo con la cuenta de Google.

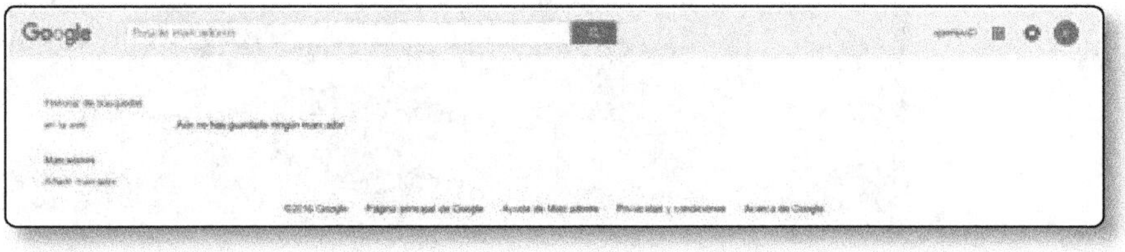

Figura 13.18. Marcadores recién accedido.

Para crear un nuevo marcador pulsaremos sobre la opción **Añadir marcador** y completaremos los datos que se nos presentan en el formulario.

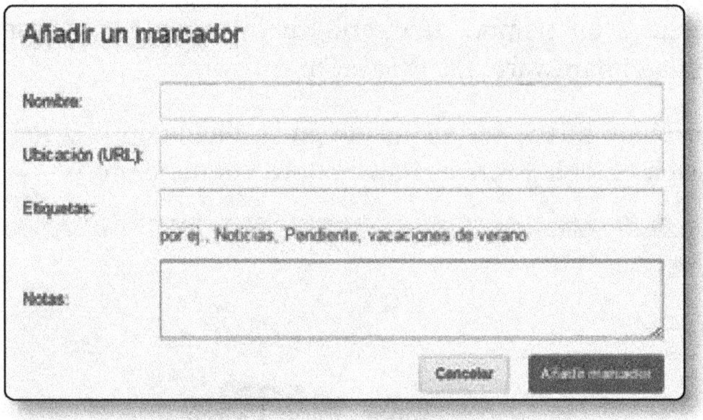

Figura 13.19. Inclusión de un nuevo marcador.

Cuando hayamos añadido nuevos marcadores se nos presentarán en la lista de la página principal.

Figura 13.20. Nuevo marcador añadido.

Cuando hayamos añadido nuestro primer marcador el menú se ampliará con alguna opción más y un listado de etiquetas que nos servirán para clasificar mejor.

NOTA

Si pulsamos sobre el **historial de búsquedas en la web** podemos ver las visitas y un listado estadístico. Eso sí, para ello habrá sido necesario logarnos antes de hacer las búsquedas.

14

GOOGLE DRIVE.
ALMACÉN EN LA NUBE

Aunque sea un capítulo avanzado, Google Drive es la base de mucho de lo visto hasta ahora, ya que es el disco duro, el espacio de almacenamiento en el que Google se apoya para cargar imágenes o almacenar documentos de Google Docs en la nube.

Gracias a Google Drive podremos disfrutar de una ampliación de nuestro espacio de disco local usando este espacio en la nube.

Además de esta ampliación de espacio, podemos compartir documentos o imágenes con otros usuarios y tener centralizada información que de otra manera tendríamos que llevar en dispositivos de apoyo, tales como discos duros portátiles o *pendrives*.

Además, y gracias a la vinculación de Google Drive con Google Docs podemos llevar a cabo el desarrollo de documentos de manera colaborativa y en tiempo real.

14.1 ACCESO A GOOGLE DRIVE

¿Cuál es la dirección de acceso a Google Drive? https://www.google.es/intl/es/drive/

¿Y cómo se accede? Pues como siempre, con la cuenta que hemos creado de Google.

Figura 14.1. Página principal de Google Drive.

NOTA

Por supuesto también podemos acceder desde el **menú de aplicaciones** que Google Search nos presenta en la parte superior derecha.

Nada más acceder encontraremos una estructura similar a Gmail, o Google Apps.

Figura 14.2. Google Drive.

14.2 CREAR Y EDITAR DOCUMENTOS

Desde Google Drive podemos crear documentos que podrán ser modificados desde las aplicaciones de Google. Para ello pulsaremos sobre el botón que pone **NUEVO**. En el desplegable vemos que se nos oferta la posibilidad de creación de nuevos documentos así como de carpetas. También podemos subir documentos o carpetas con el contenido completo desde nuestra ubicación local, es decir, desde nuestro ordenador.

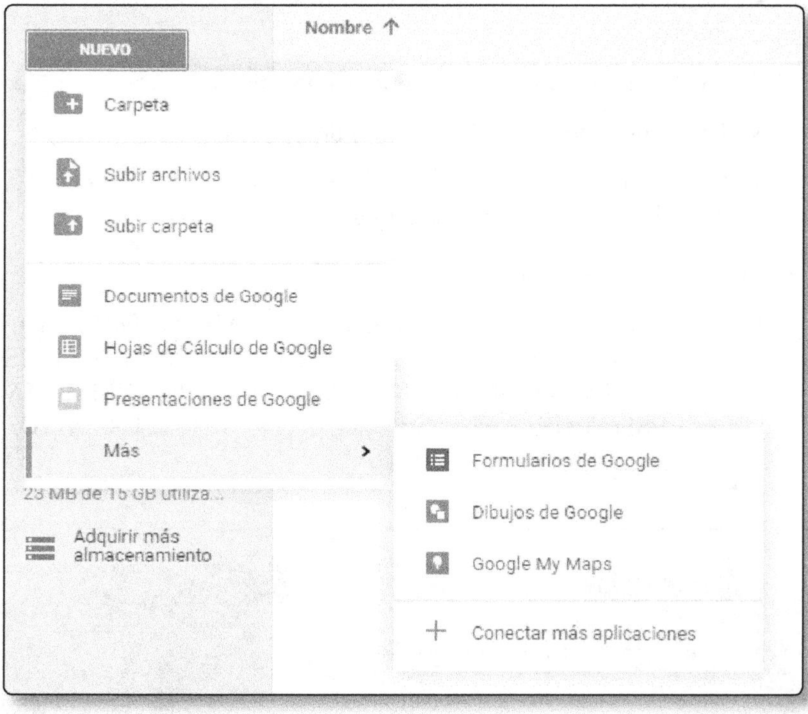

Figura 14.3. Opciones de subida y creación de documentos de Google Drive.

En el momento en que pulsemos sobre la creación de un documento de un determinado tipo, se nos abrirá la aplicación asociada (Docs, por ejemplo en el caso de crear un nuevo documento de Google).

14.3 LÍMITES GOOGLE DRIVE

Google pone a nuestra disposición información sobre los límites que Google Drive maneja, así como los formatos permitidos. Todo ello lo podemos ver en la dirección web https://support.google.com/drive/answer/37603?hl=es.

A modo de resumen tenemos:

▼ Limitaciones de tamaño:

- En documentos, no más de 1,02 millones y un tamaño no superior a 50MB.

- Hojas de cálculo: hasta 2 millones de celdas.

- Presentaciones: tamaño máximo de 100 MB.

- Otros tipos de archivo: hasta 5TB, claro está en caso de disponer de espacio libre que lo pueda alojar.

▼ Limitaciones de tipos de archivo:

- Se aceptan: (.ZIP, .RAR, tar, gzip, MP3, MPEG, WAV, .ogg, .JPEG, .PNG, .GIF, .BMP, .CSS, .HTML, .PHP, .C, .CPP, .H, .HPP, .JS, .TXT, WebM, .MPEG4, .3GPP, .MOV, .AVI, .MPEGPS, .WMV, .FLV, .DXF, .AI, .PSD, .PDF, .EPS, .PS, .SVG, .TIFF, .TTF, .XLS, .XLSX, .DOC, .DOCX, .PPT, .PPTX, .XPS)

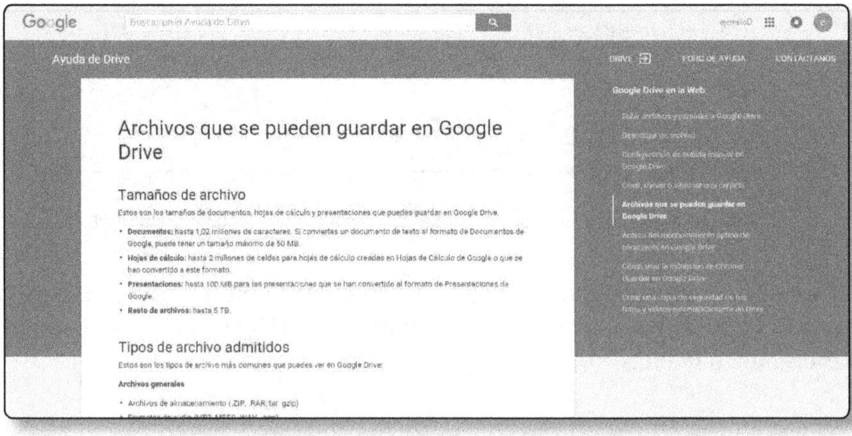

Figura 14.4. Página que presenta las limitaciones de Google Drive.

14.4 PROPIEDADES DE DOCUMENTOS ALMACENADOS EN GOOGLE DRIVE

Una vez tengamos documentos en Google Drive, podremos llevar a cabo diferentes tareas previa selección del mismo.

Figura 14.5. Opciones de un documento subido en Google Drive.

De izquierda a derecha podemos:

▶ Compartir el documento. Esta opción se explicó con más detalle en capítulos anteriores. Por defecto podemos compartir el documento de manera pública, aunque pulsando sobre **Configuración para compartir** podemos entrar en el menú avanzado de configuración y asociación de usuarios con derechos de edición

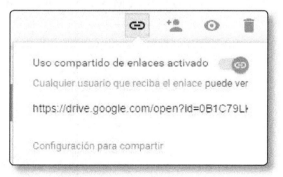

Figura 14.6. Opciones de compartición en Google Drive.

▶ Acceso directo a **Configuración para compartir**.

▶ Previsualización del documento.

▶ Eliminar.

- Otras opciones: **Mover a** nos permitirá mover documentos entre carpetas creadas en Google Drive. **Destacar** se vinculará a la opción del menú principal de la izquierda **Destacado**, de manera que nos mostrará sólo los documentos marcados como destacados. **Cambiar nombre**, queda descrito por sí mismo. **Hacer una copia**. **Descargar**.

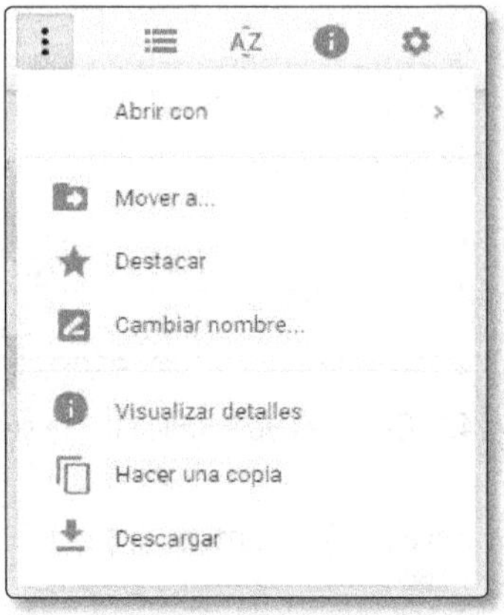

Figura 14.7. Otras opciones de Google Drive.

- **Visualizar detalles**. Esta última opción nos permite ver los detalles del documento, añadirle una descripción y ver así mismo la actividad que el documento ha tenido. Muy útil en el caso de la edición cooperativa.

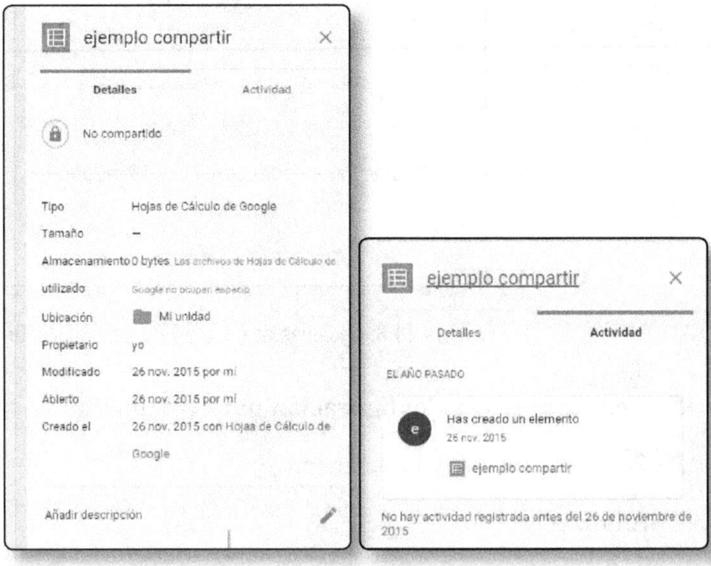

Figura 14.8. Detalles de documento en Google Drive.

14.5 CONFIGURACIÓN DE GOOGLE DRIVE

En el menú superior tenemos la opción de **configuración**.

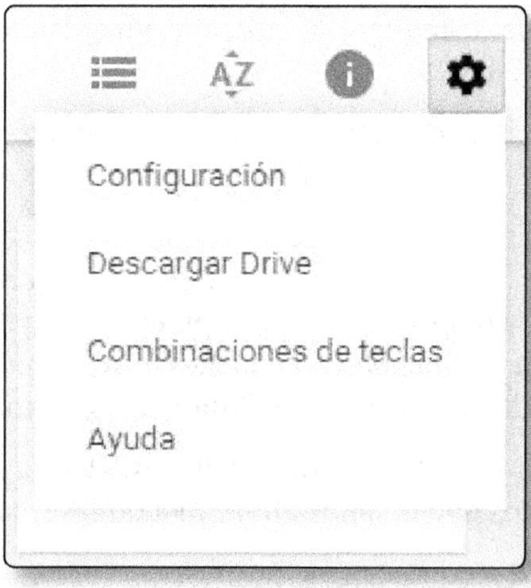

Figura 14.9. Acceso a configuración de Google Drive.

Tras pulsar esta opción aparecerán dos áreas.

▶ Una primera que nos facilitará las opciones generales de configuración:

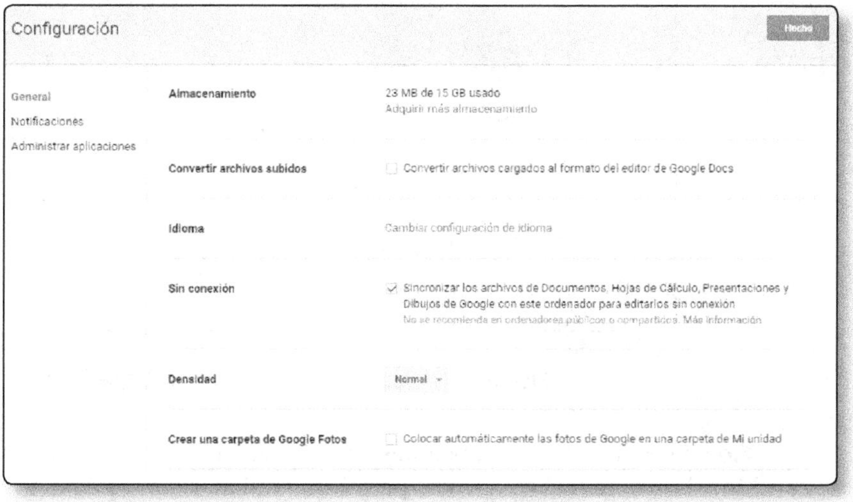

Figura 14.10. Opciones de configuración generales de Google Drive.

- Almacenamiento: nos permite adquirir más espacio contratando alguno de sus servicios de almacenamiento.

- Convertir archivos subidos: adaptar los archivos que se suban a Google Drive a las aplicaciones de Google.

- Idioma: se usará en la edición vinculándolo a los diccionarios correspondientes.

- Sin conexión: modelo de trabajo sin conexión. Dejará información en nuestra máquina local, lo que no lo hace recomendable para usos públicos.

- Densidad: esta opción hace que se mejore la visualización del contenido comprimiendo los elementos en pantalla para ajustarlos a la ventana. En pantallas pequeñas, tales como las de las tabletas, se recomienda utilizar la vista **Cómoda** o **Compacta**.

- Crear una carpeta de **Google Fotos**: deja a Google Drive que nos organice los documentos almacenando las imágenes en esa carpeta.

- Privacidad y condiciones: políticas y condiciones de Google Drive.

▼ Opciones de vinculación con aplicaciones de Google de determinados tipos de archivo.

Figura 14.11. Opciones de vinculación de Google Drive.

Además tenemos otras opciones en ese menú tales como el acceso al listado de **combinaciones de teclas,** que nos permitirán trabajar más ágilmente y el vínculo a la **Descarga de Drive**.

Combinaciones de teclas	Buscar todas las combinaciones de tecla [🔍]	✕
Ver todos los accesos directos en el Centro de ayuda		
Combinaciones de teclas más utilizadas		
Selección		
Seleccionar elemento inferior	j o ↓	
Seleccionar elemento superior	k o ↑	
Seleccionar elemento a la derecha	l o →	
Seleccionar elemento a la izquierda	h o ←	
Seleccionar/Anular la selección del elemento	Ctrl+Espacio o x o Ctrl+x	
Ampliar la selección hacia abajo	**Mayús+↓**	
Ampliar la selección hacia arriba	**Mayús+↑**	
Ampliar la selección hacia la derecha	**Mayús+—**	
Ampliar la selección hacia la izquierda	**Mayús+—**	
Ir hacia abajo sin cambiar la selección	Ctrl+↓	
Ir hacia arriba sin cambiar la selección	Ctrl+↑	
Ir hacia la derecha sin cambiar la selección	Ctrl+—	

Figura 14.12. Listado de combinación de teclas de Google Drive.

14.6 GOOGLE DRIVE EN NUESTRO ESCRITORIO

Para descargar la aplicación podremos pulsar sobre la opción anteriormente explicada o acceder a la dirección web https://www.google.com/drive/download/.

Figura 14.13. Descarga de Google Drive para escritorio.

Pulsando en **Download for PC** comenzará la descarga, aunque este comienzo no será directo, primero tendremos que contestar a una cuestión, ¿queremos colaborar con el envío de estadísticas a Google? Además, tras pulsar **Aceptar e instalar** habremos aceptado el acuerdo de uso del mismo.

Figura 14.14. Condiciones de Google Drive para escritorio.

NOTA
Aunque se nos habla de instalar tras la descarga, esto no es así realmente ya que tendremos que ejecutar el fichero descargar.
El proceso de instalación será similar al de Google Chrome.

14.6.1 Uso de Google Drive en nuestro escritorio

Tras la instalación pasaremos por una breve presentación que nos mostrará el uso de Google Drive. Como es lógico, en este proceso lo primero que nos pedirá será que asociemos una cuenta de Google.

Figura 14.15. Petición de autentificación de Google Drive para escritorio.

Tras la autentificación seguiremos con la presentación de uso.

Finalmente ya lo tendremos instalado. Aparecerá un nuevo icono en la parte inferior derecha del sistema operativo Microsoft Windows que nos dará acceso a este espacio compartido.

Figura 14.16. El icono de Google Drive.

NOTA

Lo que habremos realizado en el proceso de instalación es crear una carpeta llamada **Google Drive** en el interior de nuestra carpeta de usuario. Esto activará el servicio que sincronizará nuestro espacio en Internet con lo que tengamos aquí.

Dicho de otra manera, en esta carpeta se copiará lo que tengamos en Internet, y lo que subamos a Internet se creará posteriormente en esta carpeta, pudiendo así mantener y modificar los datos independientemente de donde nos encontremos. Además, nos servirá de copia de seguridad.

Si pulsamos sobre el icono indicado tendremos dos opciones:

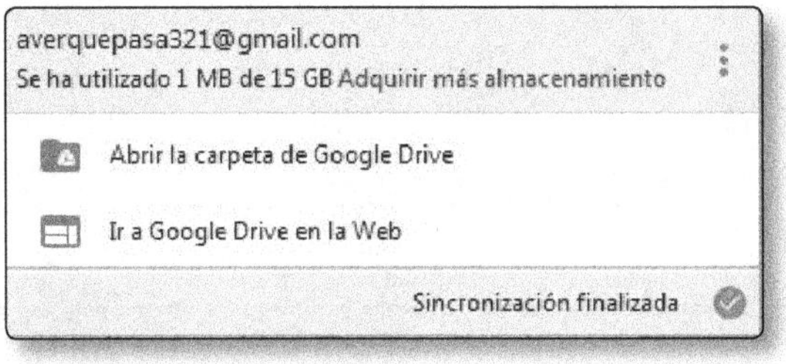

Figura 14.17. Opciones tras pulsar el icono de Google Drive.

- **Abrir la carpeta Google Drive**: no abrirá la carpeta local de Google Drive, la que está, creada en el interior de la carpeta de nuestro usuario local.
- **Ir a Google Drive en la Web**: accederá a Google Drive con la cuenta que hemos registrado, pero nos pedirá la contraseña.

Además en esta ventana, en la parte superior derecha tenemos un acceso a un menú con diferentes opciones.

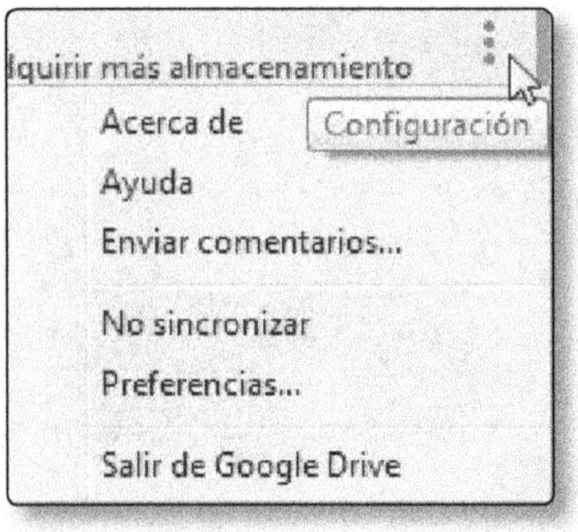

Figura 14.18. Menú de configuración de Google Drive.

Las más interesantes son:

▶ **No sincronizar**: lo que independizará las dos carpetas.

▶ **Preferencias**: aquí podremos modificar y personalizar elementos tales como los relacionados con la sincronización, el espacio utilizado en nuestra cuenta de Google o aspectos relacionados con el ancho de banda,...

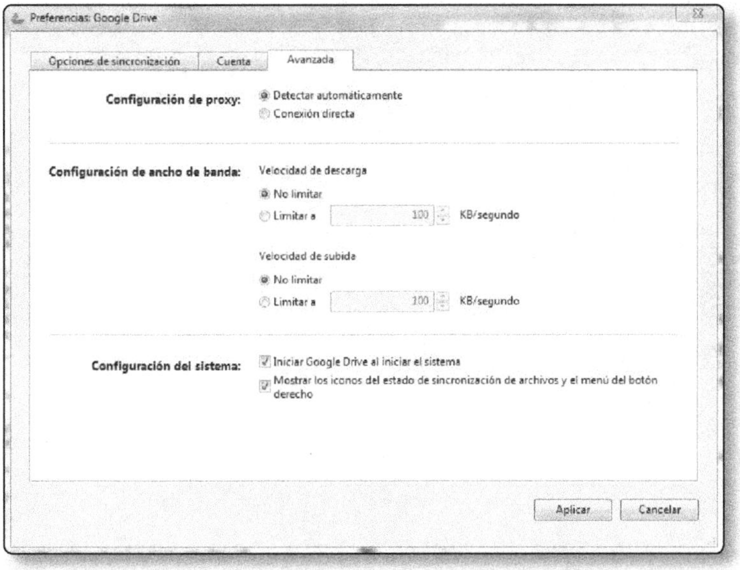

Figura 14.19. Configuración avanzada relacionada con la red de Google Drive.

15

GOOGLE HANGOUT. COMUNICACIÓN EN TIEMPO REAL

Con **Google Hangout** se nos abre la posibilidad de comunicarnos con usuarios y personas por diferentes medios.

- ▼ Mensajes de texto.
- ▼ Videollamadas.
- ▼ Llamadas de audio.

Estas llamadas y mensajes pueden realizarse utilizando dispositivos conectados a Internet, o podemos incluso comunicarnos con dispositivos telefónicos que no tengan conexión a Internet; en este caso deberemos tener saldo.

Además podremos transformar una conversación de texto en una videoconferencia en cualquier momento durante la conversación.

Por último tenemos que destacar que este modelo de comunicación es compatible con ordenadores de sobremesa y dispositivos móviles inteligentes.

15.1 ACCESO A GOOGLE HANGOUT

La dirección web de Google Hangout es similar a la de otros productos de Google, en este caso es *https://hangouts.google.com/*.

Figura 15.1. Página principal de Google Hangout.

Tras el acceso correcto con la cuenta de Google, vemos que Google Hangout nos enseña un bonito entorno desde donde podemos trabajar con diferentes sistemas de conversación.

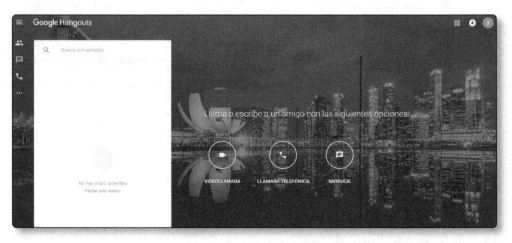

Figura 15.2. Google Hangout.

15.2 INICIAR UNA CONVERSACIÓN

Para iniciar la conversación en cualquiera de los estilos indicados en el punto anterior, pulsaremos sobre el icono asociado a la misma.

Figura 15.3. Opciones de inicio de conversación en Google Hangout.

Cuando elijamos uno u otro modelo de conexión se nos abre el área relacionada en la parte izquierda. Sólo quedará indicar en la parte superior del usuario con quién queremos contactar, normalmente con otra cuenta de Google Gmail.

Si pulsamos sobre los tres puntos horizontales se nos presenta un menú extendido de Google Hangout. Este menú tiene una división en bloques que de arriba abajo son:

▼ Los diferentes modelos de conversaciones.

▼ Descarga de aplicaciones para diferentes plataformas.

▼ Crear un **Hangout en directo**. De esta manera podemos crear una charla en la que los oyentes y participantes podrán ir accediendo a ella antes de que la misma de comienzo. Así mismo, podrán ver información que el usuario creador haya publicado a modo de presentación.

▼ Acceso a la **configuración**.

Figura 15.4. Menú de Google Hangout.

15.3 CONFIGURACIÓN DE GOOGLE HANGOUT

Si hemos pulsado la opción de **Configuración** veremos que el área reservada para la comunicación se nos transforma en un formulario con diferentes opciones de configuración específica de este modelo comunicativo.

Dentro de este área de configuración podemos:

▶ Compartir el estado: aquí escribiremos el texto breve de presentación que queramos transmitir. Por ejemplo, "TRABAJANDO".

▶ Informar de la última conexión que realizamos, así como el dispositivo que utilizamos o si en el momento concreto que miran nuestro estado estamos ocupados con otra videollamada o llamada de teléfono.

▼ **Notificaciones**: configuración del modo de notificaciones que queremos tener activo, tal como el silenciado de notificaciones por un determinado tiempo, activación o desactivación del sonido en las notificaciones.

▼ **Opciones del chat**: si tenemos activo convertir el texto en *emojis* lo que hará es reconocer los emoticonos textuales, tales como :p.

▼ Acceso a archivo: lo que nos queda es el acceso a **Conversaciones archivadas**, **invitaciones**, **contactos ocultos** o **personas bloqueadas**.

▼ **Personalizar los ajustes de las invitaciones**: aquí podemos indicar cómo queremos que se gestiones las invitaciones o bien dejar los parámetros recomendados.

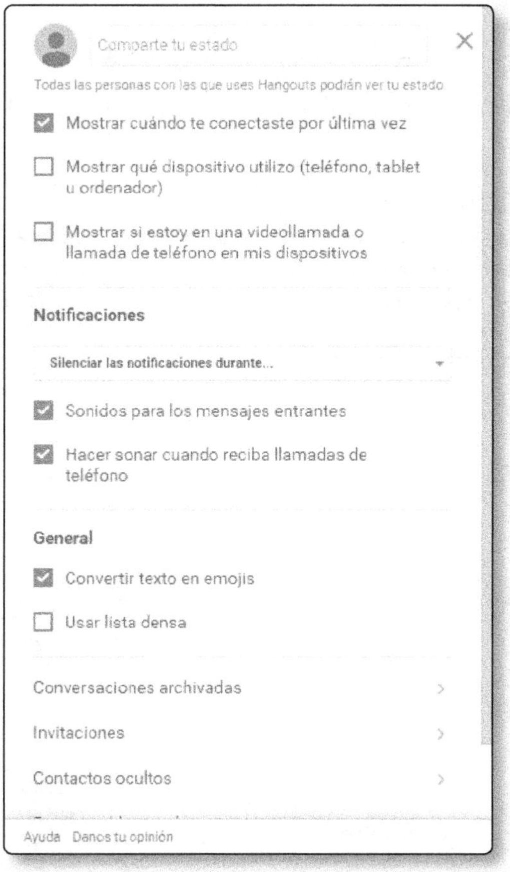

Figura 15.5. Configuración de Google Hangout.

15.4 COMPLEMENTO GOOGLE HANGOUT PARA GOOGLE CHROME

Si elegimos en el menú que se instale el complemento de Google Chrome, solicitando esta acción desde Google Chrome claro está, se nos pedirá confirmación del proceso.

Figura 15.6. Petición de confirmación del complemento de Google Hangout.

NOTA

Una vez instalado podemos hacer que nos aparezca en nuestro escritorio como un programa más. Para ello, accederemos al menú de **Extensiones** de Google Chrome y, buscando la extensión de Google Hangout, pulsamos en **detalles**.

Después pulsaremos en **Crear accesos directos** y decidiremos los accesos directos que queremos que se instalen.

Crear accesos directos a aplicaciones   ×

Crear accesos directos a aplicaciones en:

☑ Escritorio

☑ Menú Inicio

☑ Fijar a barra de tareas

Crear   Cancelar

15.4.1 Pantalla del complemento Google Hangout

Figura 15.7. Complemento de Google Hangout.

El complemento tiene las mismas características que en el caso de la aplicación que accedemos desde la web. El usuario con el que accede será el que tengamos validado en Google Chrome; si no tuviéramos uno nos pediría el usuario y contraseña.

Por lo demás, el funcionamiento es igual. En la parte inferior elegimos el tipo de conversación que vamos a iniciar y en la parte superior izquierda podemos acceder a la configuración del mismo.

15.4.2 Añadir crédito para llamadas offline

Si elegimos hacer una llamada telefónica podemos añadir crédito para poder hacer llamadas a teléfonos fijos o móviles. En la parte derecha de la casilla donde añadir el número de teléfono a llamar, podemos ver el crédito disponible y el botón con el símbolo "más" que nos permite añadir nuevo crédito.

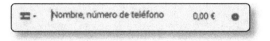

Figura 15.8. Crédito para llamadas en Google Hangout.

NOTA
Antes de poder añadir crédito tendremos que realizar una primera llamada a un teléfono para que nos solicite habilitar el servicio.

Una vez aceptado, veremos que nos sale el teclado numérico a la derecha de la pantalla.

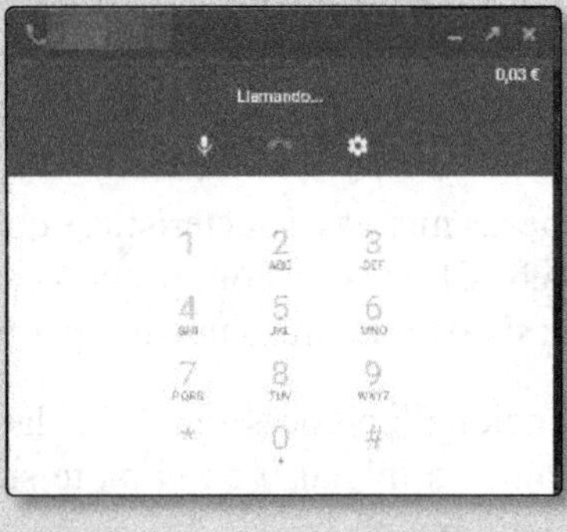

Con el servicio habilitado pulsaremos sobre el icono de añadir crédito y nos llevará a la página de Google donde podremos realizar el proceso.

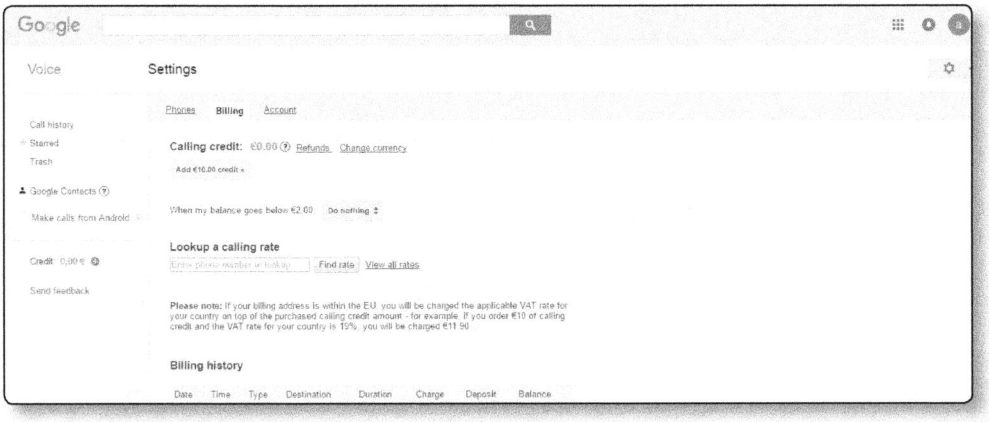

Figura 15.9. Adquisición de crédito para llamadas en Google Hangout.

Para añadir crédito pulsaremos sobre **Add €10,00 credit** y se nos abrirá la ventana en la que podremos añadir los datos del modo de pago con tarjeta.

NOTA
Podemos automatizar el proceso de adquisición de crédito pulsando sobre **Do nothing** y eligiendo que haga un ingreso de crédito cuando esté por debajo de los 2€.

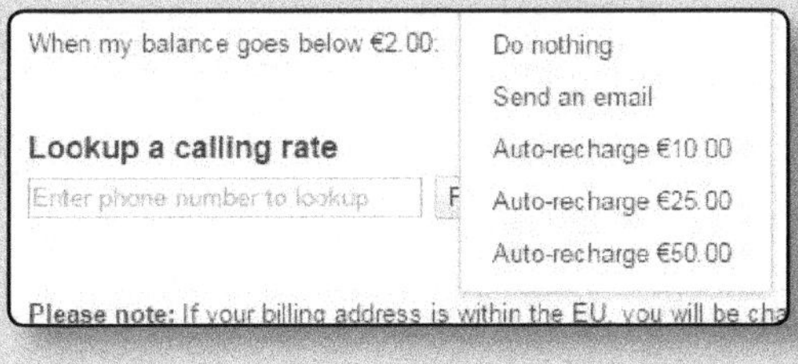

En la parte inferior podemos ver el historial de recargas telefónicas que hemos realizado.

15.4.3 Tarifas

Las tarifas de llamadas más actualizadas de Google las podemos ver en la dirección web *https://www.google.com/voice/rates?p=hangout&hl=es*.

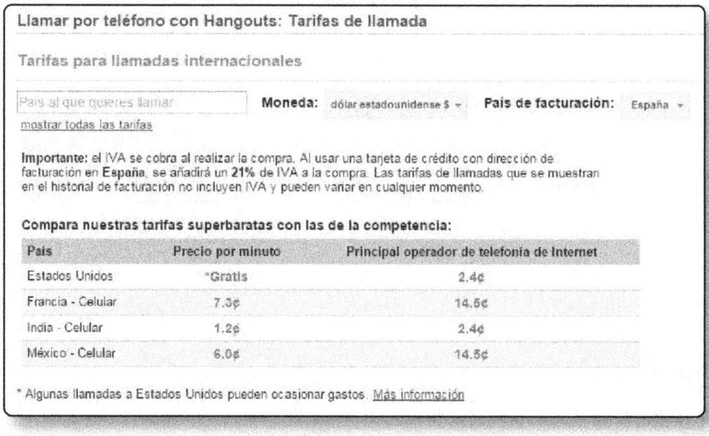

Figura 15.10. Tarifas publicadas por Google Hangout.

15.5 INICIAR HANGOUT EN DIRECTO

Para crear un **Hangout en directo** pulsaremos sobre su enlace asociado, y esto nos llevará a una pantalla en la que podremos pulsar sobre **Crear Hangout en directo**, lo que nos llevará al formulario de creación.

Figura 15.11. Formulario de creación de un Hangout en directo.

Rellenaremos el formulario y pulsaremos **Compartir**. Podemos invitar a usuarios de Google en general o círculos de Google +.

NOTA
Para que todo sea correcto tendremos que haber validado nuestra cuenta de Youtube a través de un teléfono móvil.

Antes de darle a **Compartir** es importante que hayamos decidido si queremos que el directo se active **Ahora** (justo después de crearlo) o **Más tarde** (podemos decidir la fecha y la hora a las que quieres iniciarlo).

16

GOOGLE WEBMASTERS.
HERRAMIENTAS DE ADMINISTRACIÓN

Si no olvidamos que Google nació como un simple buscador web, que no es poco, podremos entender que gran parte de su oferta de software online pasa por la creación de herramientas para desarrolladores web, y principalmente centrados en la publicación y publicitación de los contenidos de esta web en sus buscadores.

Podemos contar con algunas herramientas de diferente propósito pero mismo fin, mejorar el posicionamiento en el resultado de búsqueda de Google. No perdamos de vista el dicho, "si tu página web no sale en la primera página de resultados de búsqueda, no tendrá visitas". O "si no estás en Google, no existes".

Un breve listado de estas herramientas es:

▶ **Google Search Console**: herramienta para a una administración de web orientadas a móviles.

▶ **Google Analytics**: con esta herramienta podremos ver el funcionamiento de los canales de marketing de una manera global.

▶ **Google Adsense**: Google nos aporta también la posibilidad de añadir publicidad a nuestra web, de manera que podamos generar un ingreso extra.

16.1 GOOGLE SEARCH CONSOLE

La primera herramienta que queremos estudiar de entre las disponibles para *webmasters* que Google nos pone a nuestra disposición es **Google Search Console,** que utilizaremos para comprobar el estado de la indexación en el propio motor de búsqueda de Google, de manera que nos permita optimizar su visibilidad.

NOTA
Esta herramienta era conocida hasta hace poco con el nombre de **Google Webmaster Tools**.

16.1.1 ¿Qué podemos hacer con Google Search Console?

Algunas de las tareas que podemos llevar a cabo con Google Search Console son:

▼ Utilizar mapas de sitio basados en **sitemap**.

▼ Estudiar la frecuencia de visita al sitio que estamos administrando por parte de Googlebot.

▼ Posibilidad de la creación y posterior comprobación de un archivo robots. txt del sitio web en cuestión.

▼ Estadísticas de uso y acceso por palabras clave desde Google.

▼ Aviso de errores localizados.

16.1.2 Primer contacto

El acceso a la herramienta, *https://www.google.com/webmasters/tools*, no tiene una página web de presentación. De hecho, lo único que aparecerá es la solicitud de los datos de la cuenta de Google.

Una vez accedido, vemos una herramienta aparentemente minimalista.

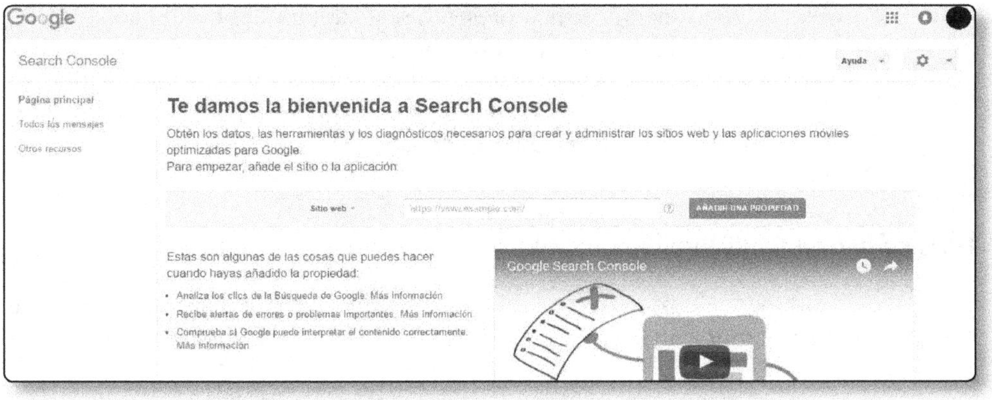

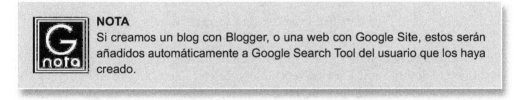

Figura 16.1. Google Search Tools recién accedido.

La imagen anterior muestra el aspecto de Google Search Console con algunas páginas web ya indexadas.

> **NOTA**
> Si creamos un blog con Blogger, o una web con Google Site, estos serán añadidos automáticamente a Google Search Tool del usuario que los haya creado.

En este primer vistazo podemos ver tres áreas:

▶ Menú: podemos visualizar los mensajes de error, así como cualquier otro tipo de mensaje emitido.

Figura 16.2. Mensajes de Google Search Tools.

▼ Webs o blogs añadidos: nos presenta una captura del estado actual de la web, así como la dirección del mismo y el estado de los mensajes.

▼ Opciones: podemos añadir una nueva dirección para ser gestionada o administrar las que se encuentran en la lista.

16.1.3 Añadir una propiedad

Evidentemente lo primero que tendremos que hacer es pulsar sobre el botón **Añadir una propiedad** y añadiremos la dirección de la web que vamos a administrar a este nivel.

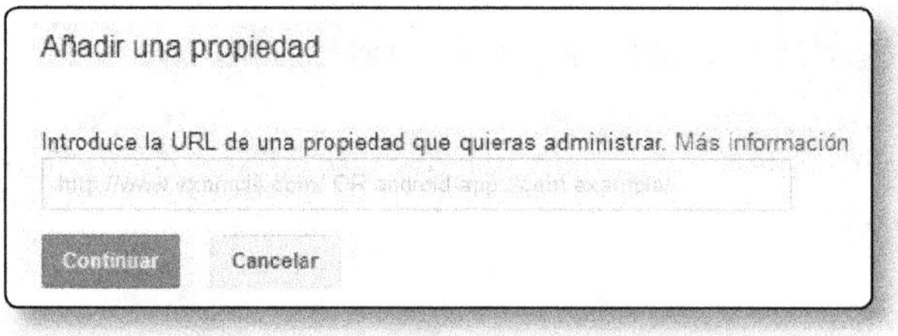

Añadir una propiedad

Introduce la URL de una propiedad que quieras administrar. Más información

http://www.example.com/ OR android-app://com.example/

Continuar   Cancelar

Figura 16.3. Inserción de una nueva propiedad.

Una vez pulsemos sobre **Continuar,** nos tocará seguir los pasos indicados para que la administración sea correcta. Debe pensar que si no podemos seguir los pasos indicados es probablemente porque no tenemos acceso al servidor que aloja la página web, indicando de esta manera que la web no es nuestra, y por tanto no tendremos derechos administrativos de ningún tipo sobre ella.

Podemos ver que se nos ofrecen varios métodos para la demostración de propiedad. No obstante se recomienda seguir el método recomendado por Google.

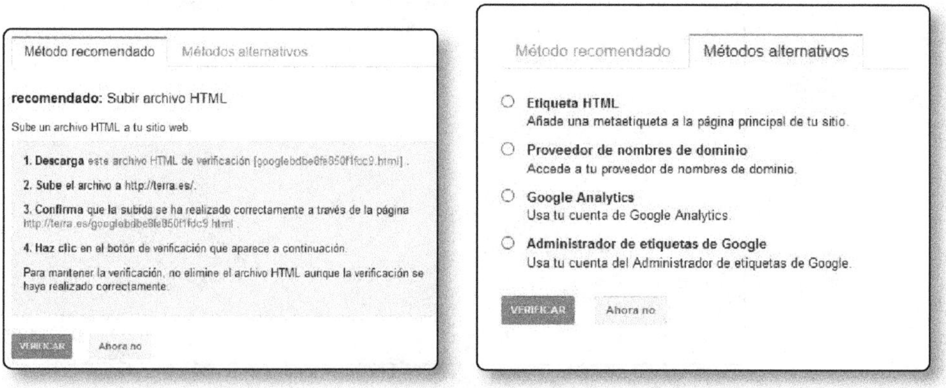

Figura 16.4. Métodos de verificación de propiedad.

NOTA

Como puede observar, se asume que el lector tiene conocimientos de programación web. De no ser así verá complicado llegar a buen puerto.

Cuando todo el proceso sea correcto pulsaremos en **Verificar** y de esta manera acabaremos el proceso inicial y la inclusión de esta web en nuestra lista de web administradas por Google Search Console.

16.1.4 Añadir usuarios gestores

Hasta el momento somos el único usuario que va a poder ver los datos de la web administrada. Pero podemos incluir a más gente que nos ayude a gestionar los datos.

Para ello, en la lista de páginas web que podemos administrar elegiremos aquella a la que queremos añadir usuario, y pulsaremos sobre el desplegable que pone **Administrar**. En las opciones que se nos presentan seleccionaremos **Añadir o eliminar usuarios**.

Figura 16.5. Opciones de administración.

El espacio de anexión o eliminación de usuarios es muy intuitivo. Podemos ver el listado de usuarios ya incluidos, así como los accesos a **Añadir nuevo usuario**.

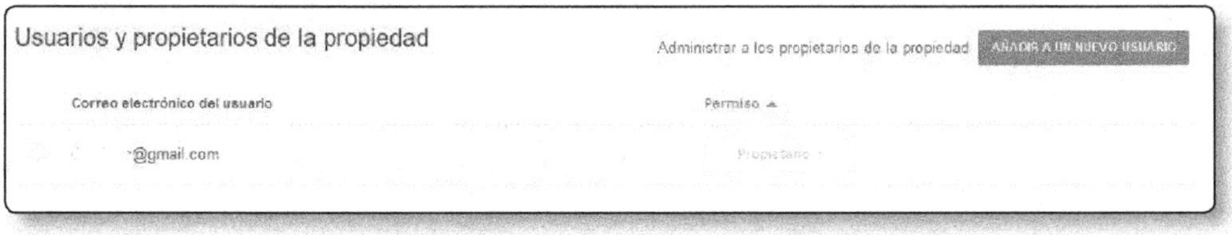

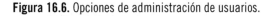

Figura 16.6. Opciones de administración de usuarios.

Si hemos pulsado sobre **Añadir otro usuario** tendremos que asignar la dirección de correo de este y decidir entre dos tipos de privilegios:

- ❯ Restringido: sólo podrá acceder para consultar los datos.
- ❯ Completo: nos permitirá también realizar algunas acciones.

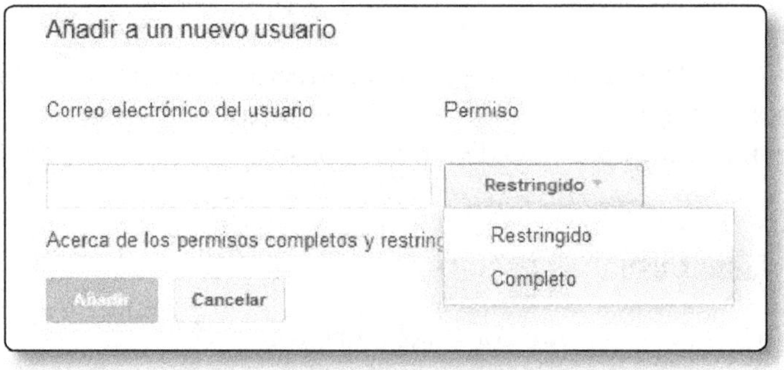

Figura 16.7. Añadir un usuario.

En este momento los usuarios añadidos podrán acceder a los datos conforme a los privilegios asignados.

16.1.5 Trabajar con los datos de una web

Si pulsamos sobre la dirección web elegida accederemos a los datos de la misma cambiando el menú de la izquierda también.

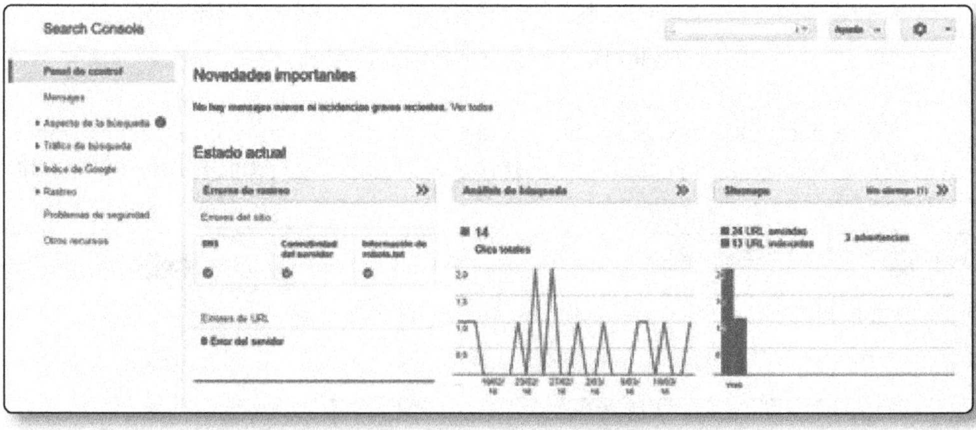

Figura 16.8. Datos iniciales de la web seleccionada.

El menú nos ofrece las siguientes opciones incorporadas:

▼ Aspecto de la búsqueda: nos ofrece posibilidades y planteamientos diferentes en relación a la aparición de nuestra página web en los resultados de búsqueda.

Figura 16.9. Menú "Aspecto de la búsqueda".

NOTA
Si pulsamos sobre la letra "i" de la izquierda, podemos ver las diferentes opciones a las que se refiere.

En cada una de las opciones se nos mostrarán videos y documentación explicativa para poder llevarlo a cabo.

▼ Tráfico de búsqueda: información relacionada con los resultados de búsqueda (**Análisis de búsqueda**) y referencias que pueden hacer llegar a nuestro sitio web (**enlaces a tu sitio**). En el último apartado de esta opción podeemos comprobar si se ha detectado algún tipo de problema relacionado con la **usabilidad móvil**.

Figura 16.10. Menú "Tráfico de búsqueda".

▼ Índice de Google: podemos ver el estudio estadístico de visitas.

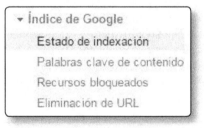

Figura 16.11. Menú "Índice de Google".

▼ Rastreo: información sobre el rastreo que el motor de búsqueda de Google lleva a cabo para la indexación de la web.

Figura 16.12. Menú "Rastreo".

▶ Problemas de seguridad: último apartado en el que podemos visualizar los mensajes relacionados con la de seguridad del sitio administrado.

16.2 GOOGLE ANALYTICS

En Google Search Console hemos visto que se puede trabajar con una serie de información relacionada con las visitas a nuestro sitio web. Pero esta información es bastante sesgada. Gracias a Google Analytics podemos ampliar la información de la misma. Aquí se nos ofrece una herramienta que, como Google dice, no sólo permitirá medir las ventas y las conversiones (en caso de que la web sea relacionada con dichas ventas), sino que también podremos gestionar información relacionada con cómo la web es usada por los visitantes o cómo se obtienen las visitas. También podremos conseguir sugerencias de mejora para conseguir que los visitantes sigan siéndolo.

Esta herramienta sí tiene una página web del proyecto en la que podremos ampliar la información de uso: https://www.google.es/intl/es/analytics/.

Figura 16.13. Página principal de Google Analytics.

16.2.1 Acceder a la cuenta

El acceso pasa por ir a la página web de la imagen anterior y pulsar **Iniciar sesión** donde usaremos, nuevamente, los datos de la cuenta de Google.

Figura 16.14. Google Analytics accedido con algunas webs añadidas.

16.2.2 Añadir nuevo sitio a Google Analytics

Para añadir un nuevo sitio web accederemos a la opción del menú superior **Administrar,** y aunque se nos presentará como una nueva ventana con un sitio de los que tenemos en la lista preseleccionada, no debemos preocuparnos, pues como veremos a continuación, se podrá modificar dicha selección.

NOTA
Podemos añadir hasta 100 sitios que tendremos analizados desde esta aplicación.

Al igual que con la herramienta anterior tendremos que poseer privilegios de acceso a nuestro alojamiento web, de manera que podamos añadir nuevos ficheros. Será de esta manera como Google Analytics comprobará que el sitio web nos pertenece.

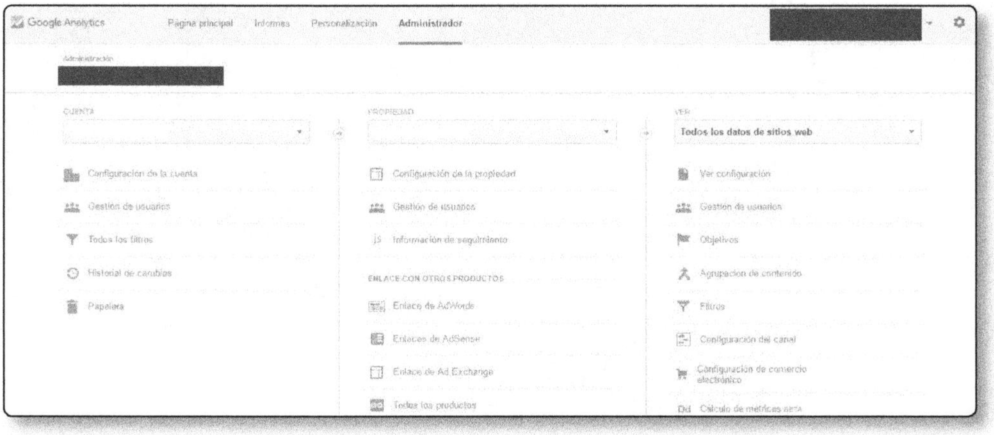

Figura 16.15. Administración de Google Analytics.

En el desplegable que tenemos debajo de la opción **Cuenta** seleccionaremos **Crear nueva cuenta**.

Figura 16.16. Crear nueva cuenta en Google Analytics.

Es el momento de rellenar el formulario asociado a la información del sitio web que queremos añadir.

NOTA

Como se puede ver en este punto, podemos seleccionar entre un nuevo sitio o una nueva aplicación.

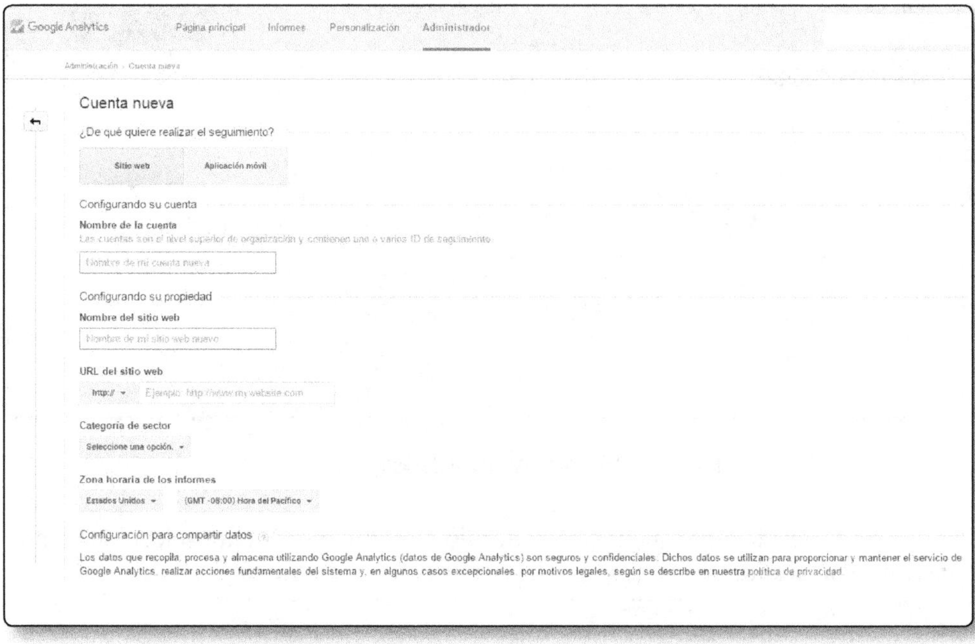

Figura 16.17. Formulario a rellenar para añadir en nuevo sitio.

Cuando terminemos de completar el formulario pulsaremos sobre **Crear ID de seguimiento**. Esto nos creará, tras aceptar los términos de uso, un código web que deberemos añadir a nuestro sitio.

NOTA
Es importante tener en cuenta, tal y como se indica en el acuerdo, que el servicio se proporciona sin coste con un límite de hasta 10.000.000 de Hits al mes por Cuenta.

Figura 16.18. Proceso para añadir el código a la web.

El proceso viene bien descrito por parte de Google Analytics, sólo tendremos que seguir los pasos que se nos indican.

16.2.3 Eliminar sitio de Google Analytics

La eliminación se lleva a cabo en la opción **Configuración de la cuenta**. Previamente habremos seleccionado la cuenta del sitio a eliminar dentro del desplegable.

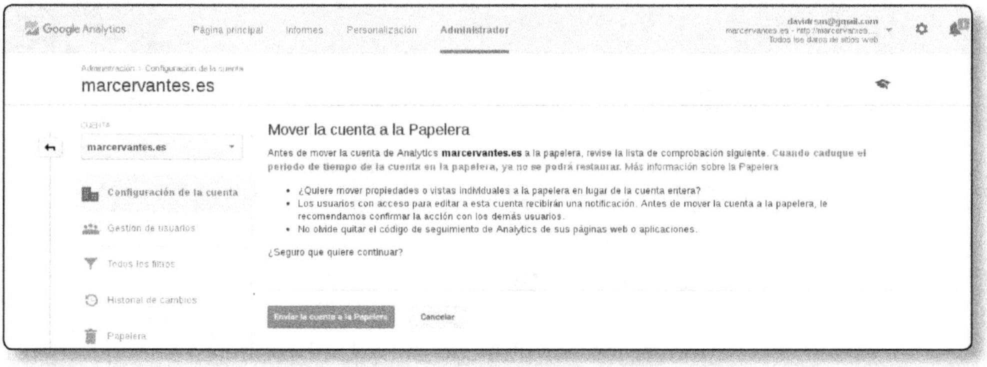

Figura 16.19. Eliminar una cuenta de un sitio.

Sólo queda seleccionar **Enviar la cuenta a la papelera.** Cuando se haya eliminado podremos comprobar en el desplegable de **Cuenta** que la cuenta del sitio asociado está tachada.

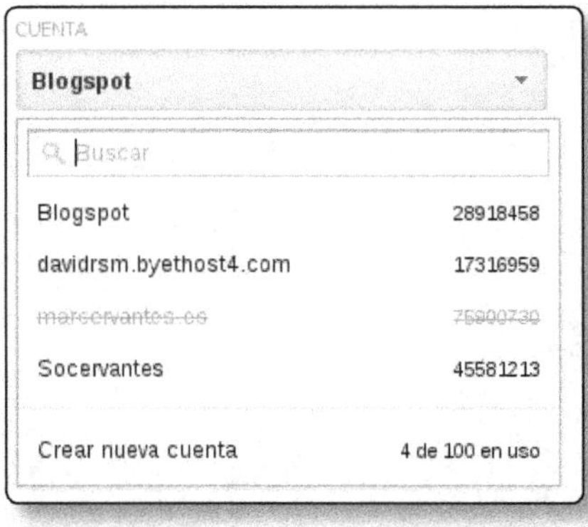

Figura 16.20. Sitio recién eliminado.

16.2.4 Ver datos estadísticos de un sitio añadido a Google Analytics

Para ver los informes seleccionaremos en el desplegable de **Cuentas** del sitio del que queremos obtener esos informes, y posteriormente pulsaremos sobre la opción del menú superior con dicho nombre.

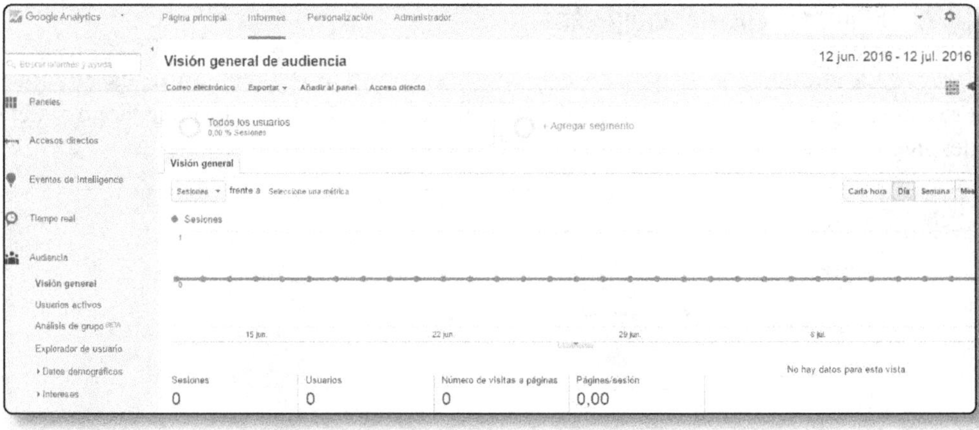

Figura 16.21. Informes de un determinado sitio.

Ya solo queda movernos por el menú del lateral izquierdo para acceder a espacios concretos del análisis.

Figura 16.22. Informes sobre la ubicación de los visitantes.

16.3 GOOGLE ADSENSE

Este es un producto Google orientado a obtener ingresos mediante la colocación de anuncios en los sitios web de tu propiedad. Estas publicidades se pueden presentar en diferentes modos:

▼ Modo texto.
▼ Gráficos.
▼ Publicidad interactiva.

Los anuncios que se presentarán serán decididos por Google de acuerdo con anunciantes de AdWords, todo basado en un sistema complejo de subasta instantánea que intentaremos entender en el capítulo siguiente.

Usa tus productos como medio publicitario para atraer ingresos.

La publicidad mostrada se basa en la relevancia asociada a los visitantes gracias a información obtenida por las cookies o, simplemente a la ubicación geográfica y otros factores.

16.3.1 Usar Google AdSense

Google AdSense, una vez accedido con la cuenta de Google, tiene un uso sencillo. Lo primero que se nos solicitará son datos de la cuenta, del sitio web para el que solicitamos el servicio de publicidad y el idioma en que está creado para adecuar esa publicidad.

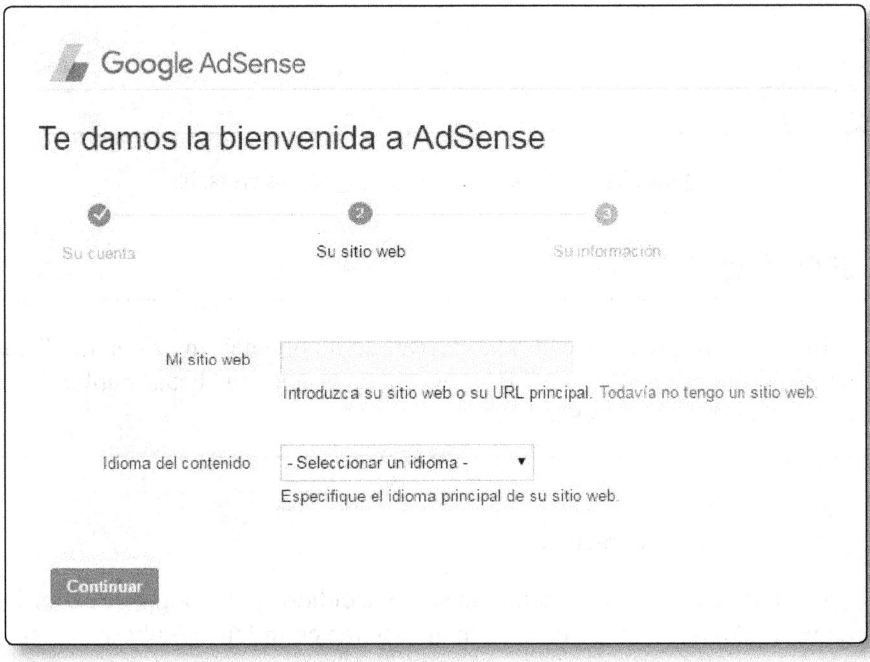

Figura 16.23. Primeros datos para creación de la cuenta.

Lo siguiente es rellenar todos los datos de registro.

Información de contacto

Rellene los datos con cuidado, ya que la información se utiliza para configurar su cuenta y enviar sus pagos

País o territorio	España ▼
Zona horaria	- Seleccione su zona horaria - ▼
Tipo de cuenta	Individual ⇕
Nombre y dirección	Nombre
	Línea 1 de la dirección
	Este campo es obligatorio
	Código postal
	Ciudad
	Provincia ⇕
Contacto principal	antonio recio
	🖼 ▼ Número de teléfono
	enriquememinaslamoral173@gmail.com
¿Cómo conoció AdSense?	- Seleccionar cómo - ▼
Preferencias de correo electrónico de AdSense	Ayuda personalizada y sugerencias para optimizar el rendimiento ○ Sí ○ No
	Boletines informativos ○ Sí ○ No

Figura 16.24. Datos de registro de la nueva cuenta.

Tras completar el formulario pulsaremos **Enviar mi solicitud**.

NOTA

Es muy importante que todos los datos introducidos en el paso anterior sean correctos, ya que será con ellos con los que se emitan los documentos de pago.

Tras aceptar los acuerdos y términos de uso, sólo quedará que Google revise la solicitud y nos envíe a la dirección de correo electrónico indicada la información de contacto y proceso a llevar a cabo.

Términos y Condiciones de AdSense

Para empezar a mostrar anuncios, revise y acepte los Términos y condiciones que se indican a continuación.

Condiciones de servicio online de Google AdSense

1. Bienvenido a AdSense

Gracias por tu interés en nuestros servicios de búsqueda y publicidad (los "**Servicios**").

Al utilizar nuestros Servicios, aceptas estas condiciones (las "**Condiciones de AdSense**"), las Políticas del programa AdSense y las Directrices de uso de las marcas de Google (conjuntamente, el "**Contrato**"). Si alguna vez se contradicen, en la medida de dicha contradicción, las Condiciones de AdSense prevalecerán sobre cualquier otra estipulación del Contrato. Lee este Contrato detenidamente.

Según se utilice en el presente Contrato, "tú" o "editor" significa la persona física o entidad que utilice los Servicios (y/o cualquier persona, entidad o entidad sucesora, agencia o red que actúe en tu nombre), "nosotros" o "Google" significa Google Ireland Ltd., y las "partes" significa tú y Google.

2. Acceso a los Servicios; Cuentas de AdSense

☑ Sí, he leído y acepto el acuerdo.

[Aceptar]   Cancelar

Figura 16.25. Términos y acuerdos de uso.

17

GOOGLE ADWORDS.
PUBLICITARSE EN GOOGLE

Cuando tenemos un sitio web creado y accesible a los usuarios desde internet, lo lógico es que queramos cuantas más visitas mejor, sobre todo si este sitio web forma parte de un negocio.

Pues bien, Google Adwords es la herramienta que hace que esa publicidad pueda ser más efectiva en relación a nuestra aparición en el buscador de Google.

 NOTA
Existe una opción de Google vinculada a Organizaciones sin ánimo de lucro (ONGs) que no generarán cobro hasta un determinado límite. Para acceder a esta opción iremos a la dirección web http://www.google.es/nonprofits/.

Como veremos a lo largo del capítulo en el que nos encontramos, lo importante para una buena campaña publicitaria en relación a obtener un buen resultado en el posicionamiento de búsqueda en Google Search, no es el uso de la herramienta en sí, sino todo lo que a esta viene asociado. Como por ejemplo, la campaña de captación de potenciales visitantes a través de técnicas como *mailing* (envío masivo a clientes potenciales).

17.1 ACCESO A GOOGLE ADWORDS

Aunque sea el último capítulo, la forma de acceso no cambiará. Usaremos, como ha sido norma a lo largo de toda la obra, la cuenta de Google.

La página web de acceso es *https://www.google.es/adwords/*.

Figura 17.1. Página principal de Google Adwords.

NOTA
Aunque no seamos cliente podemos acceder para visitar su entorno de uso. Evidentemente no podremos comenzar a disfrutar de los bienes de esta aplicación hasta que hagamos un registro con información para los cobros por las visitas obtenidas.

17.2 CONCEPTOS PREVIOS

¿Cómo variará la aparición de nuestra web en Google Search dependiendo de si usamos este servicio o no? Pues sobre todo se verá beneficiado en la posición donde se mostrarán los enlaces.

Figura 17.2. Página principal de Google Adwords.

En la imagen anterior podemos distinguir diferentes áreas. En la parte marcada se puede observar que vienen asociados a la palabra **Anuncio**. Pues bien, estos anuncios que aparecen en la parte superior y siempre antes de los resultados naturales de búsqueda, son los que han pagado a través de Google Adwords para intentar mejorar sus visitas.

Para continuar con los conceptos previos y antes de seguir con la explicación del entorno de la aplicación, vamos a definir algunos términos que nos interesará tener en cuenta.

▶ **CPC** o **PPC**: son las siglas de Coste Por Clic o en ingles *Pay Per Click*. Este coste será el importe que se debe abonar a la empresa Google cada vez que esta consiga, mediante el posicionamiento preferente, un click por parte de algún visitante en nuestro anuncio.

Todo esto es la base del modelo publicitario de Google, conseguir que el anunciante sólo pague por conductas efectivas y no sólo de visionado. Si un usuario entra en tu web es un cliente potencial, y por tanto la campaña en este caso es exitosa. De esta manera Google te cobrará por ello.

NOTA

Es importante saber que el CPC puede variar de precio dependiendo de las palabras que queramos usar. Así mismo, el precio de cada una de las palabras de Google Adwords no es estable, ya que el coste depende de la subasta que se lleva a cabo con cada una de estas palabras.

▸ Campaña: la base de que nuestra presencia en Google sea un éxito viene de la mano de la realización de una exitosa campaña. La idea es dividir la cuenta en varias campañas que respondan a los diferentes criterios que queramos tener en cuenta tales como presupuestos, países o líneas de negocio.

NOTA

No existe una estructura recomendada que sea válida para todas las cuentas. Así mismo podremos añadir 100 campañas distintas.

▼ **RDC** o **CTR**: Ratio de cliqueo o en inglés *Click Through Ratio*. Se utiliza para ver la eficacia de una campaña. Esta proporción es el resultado de aplicar la fórmula que resulta de dividir el número de usuarios que pulsaron el anuncio publicitario por el número veces que se mostró el anuncio. El resultado quedará expresado en tanto por ciento.

▼ **CPM**: Costo Por Mil o en inglés *Cost Per Mille*. Google nos propondrá una alternativa de pago. Podremos elegir entre pagar del modo PPC o usar esta otra fórmula, en la que el modelo de pago viene directamente asociado al número de veces que se visualiza el anuncio en Google Search, o cualquiera de las webs asociadas a este modelo publicitario mediante Google Adsense. Así en este caso se subastará un coste fijo por cada 1000 veces que se muestre nuestro anuncio.

▼ **Ranking**: Google ejerce continuas tomas de decisión, una de ellas es la relacionada con el orden en el que el sistema elige mostrar cada uno de los anuncios, algo que evidentemente condiciona las oportunidades de aparecer o no en la primera página de resultados.

▼ **RSI** o **ROI**: Retorno Sobre la Inversión en ingles *Return On Investment*. Con el podremos calcular la rentabilidad obtenida a través de nuestra campaña. La fórmula en este caso es sencilla:

RSI = (Ingresos obtenidos – Costes campaña)/Costes campaña

17.3 CONSEJOS PREVIOS

Ya hemos visto la introducción de Google Adwords, así como ciertos conceptos necesarios para entender de qué se trata y para qué se usa. Pero aún nos quedan una serie de recomendaciones que aportar:

▼ Planifica conforme a un presupuesto. Como hemos visto a través de los conceptos iniciales, Google Adwords tiene diferentes formas de cobro asociadas a visitas o impresiones de publicidad. Pero en todos los casos el coste final puede ser imprevisible. Piense que una palabra adquirida por barata que sea puede suponer la ruina de un negocio si no puede llegar a pagar los gastos que suponen los éxitos de visita. Por lo tanto, lo primero que tendremos que hacer es calcular el máximo gasto que nos podemos permitir.

- Da forma a la web conforme a las palabras que te interesa que resulten efectivas. Google hace una búsqueda a través de la lectura de todo el texto insertado en la web. De esta manera es muy importante que redactemos intentando conseguir que aparezcan las palabras que consideremos descriptivas en nuestro texto. El contenido textual debe buscar atraer a clientes y no lectores, ya que si escribimos de temas no relacionados, podremos tener un gran elenco de lectores que no compren.
- Configura bien los metadatos de la web. Si una web está mal ubicada no llegarán nuestros clientes. Por ejemplo, si indicamos que la web es ecuatoriana y realmente es española, será más difícil obtener clientes españoles.

Si todos estos conceptos y consejos iniciales se aplican de manera correcta podremos conseguir un amplio éxito en relación a las visitas efectivas.

17.4 COMENZAR A USAR GOOGLE ADWORDS

Cuando hayamos accedido a Google Adwords, lo primero que tendremos que rellenar es la dirección de correo electrónico de contacto y el sitio web para el que queremos iniciar la campaña. Igualmente indicaremos si queremos que Google nos mande recomendaciones para que nuestra campaña tenga un mayor éxito.

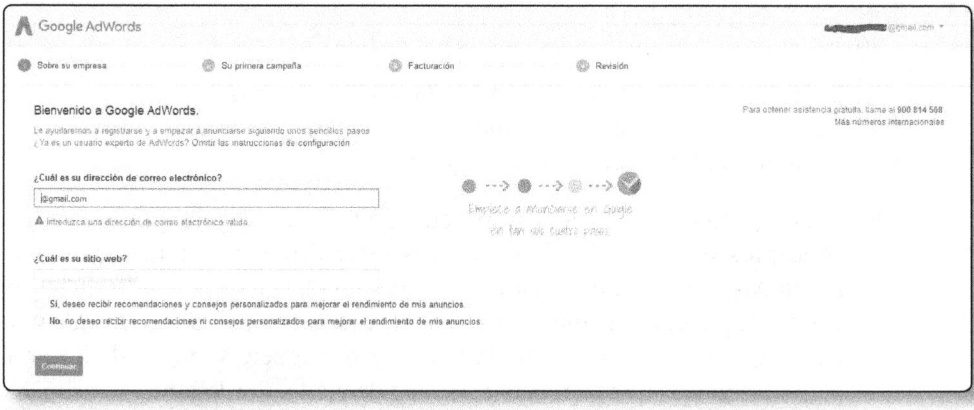

Figura 17.3. Inserción datos de la empresa en Google Adwords.

La segunda fase de registro es la planificación de la campaña.

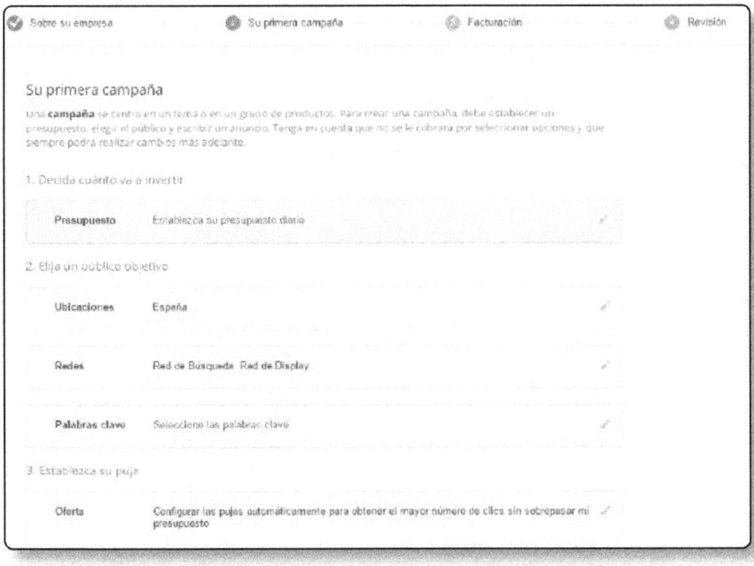

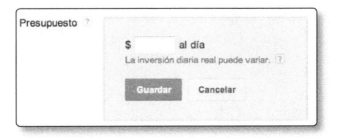

Figura 17.4. Creación de la primera campaña en Google Adwords.

Tendremos que definir los diferentes puntos relacionados con los gastos que vamos a asumir identificados como:

▼ **Presupuesto**: especificaremos la cantidad máxima diaria que estamos dispuestos a pagar.

Figura 17.5. Definición del presupuesto.

▼ **Elija un público objetivo**: este público será elegido dependiendo de la ubicación que decidamos, ya sea nacional o de área mundial. El apartado **Redes** nos ayuda a decidir si queremos que la página sea publicitada en los motores de búsqueda o también en las páginas web vinculadas. **Palabras clave** que seleccionaremos para que las búsquedas asociadas muestren nuestra dirección.

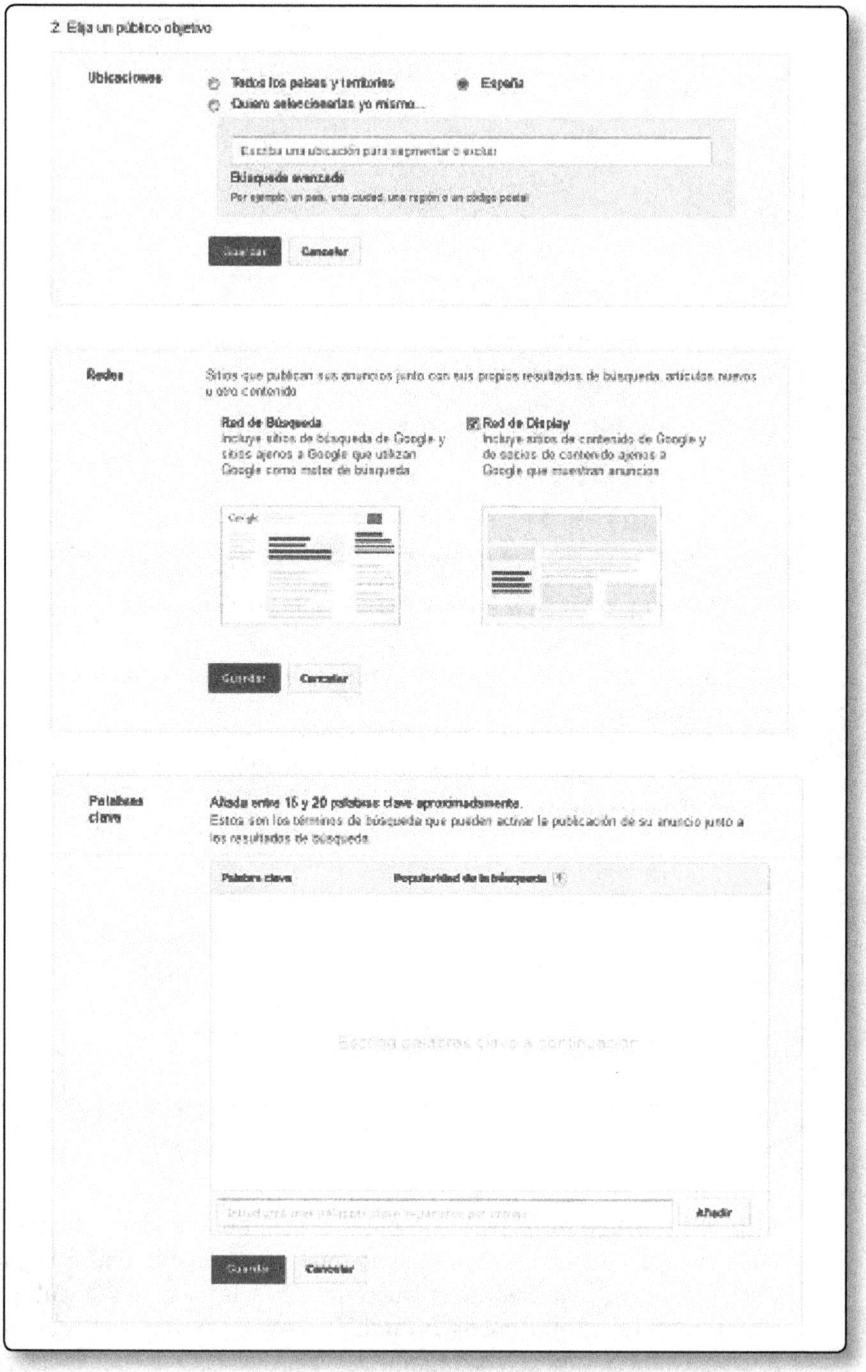

Figura 17.6. Elegir un público objetivo.

� **Establezca su puja**: se recomienda que para empezar a usarlo se deje a Google como gestor de este apartado, ya que si no es así podemos acabar rápidamente con nuestro presupuesto sin haber sacado un mínimo partido de ello.

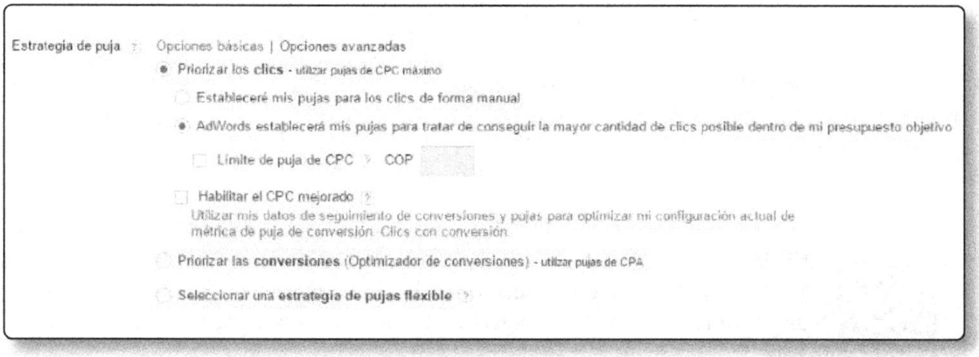

Figura 17.7. Establezca su puja.

▶ **Anuncio de texto**: en el último apartado definiremos el aspecto de nuestro texto publicitario.

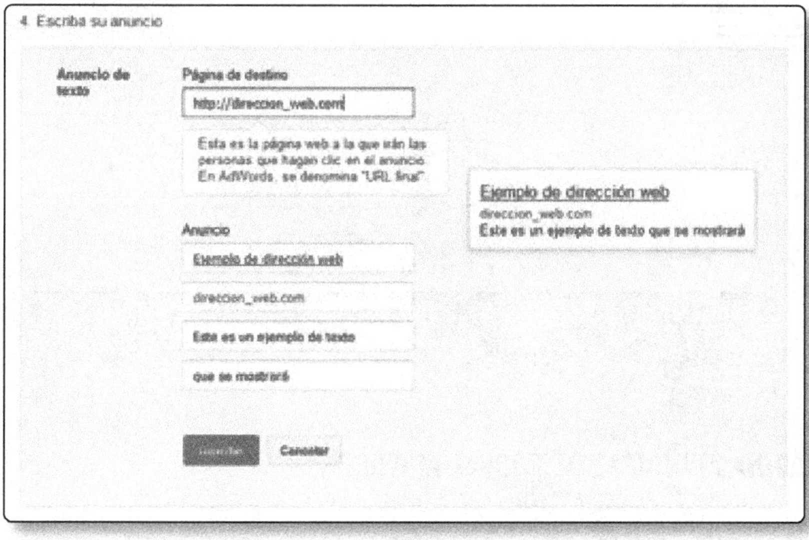

Figura 17.8. Anuncio de texto.

NOTA

Ante cualquier duda podemos llamar al número de teléfono que vemos en la esquina superior derecha.

En el tercer paso asignaremos los datos de facturación y, finalmente, se nos pedirá confirmación a todo lo insertado en los formularios y acabaremos el proceso de inicio de Adwords.

NOTA

Si hemos pulsado la opción de **Omitir las instrucciones de configuración** de la imagen 17.3, se nos solicitará los datos para crear la cuenta de Adwords.

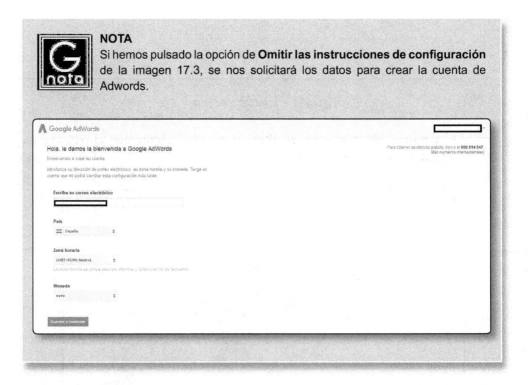

17.5 PÁGINA PRINCIPAL DE GOOGLE ADWORDS

La página principal de la herramienta nos mostrará toda la información de las campañas que hayamos creado, así como las estadísticas de aciertos frente a las palabras claves escogidas, el número de impresiones y por tanto visualizaciones de nuestro anuncio y accesos a nuestra web desde estos anuncios.

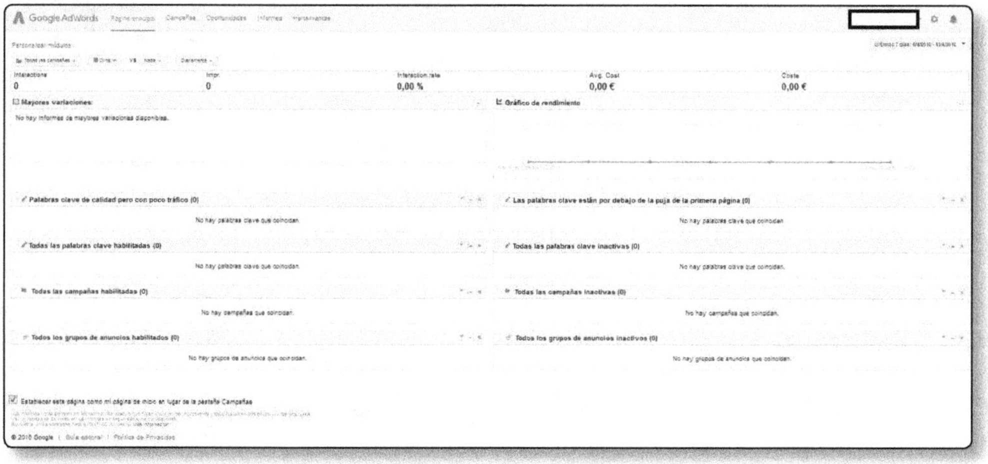

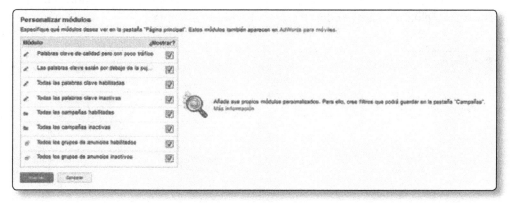

Figura 17.9. Página principal.

También podemos **personalizar los módulos** que queremos que se visualicen.

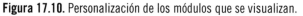

Figura 17.10. Personalización de los módulos que se visualizan.

17.6 CAMPAÑAS

Cuando tengamos creadas las campañas podremos administrarlas desde esta pestaña y ampliar la información acerca de cómo llevar a cabo una buena campaña.

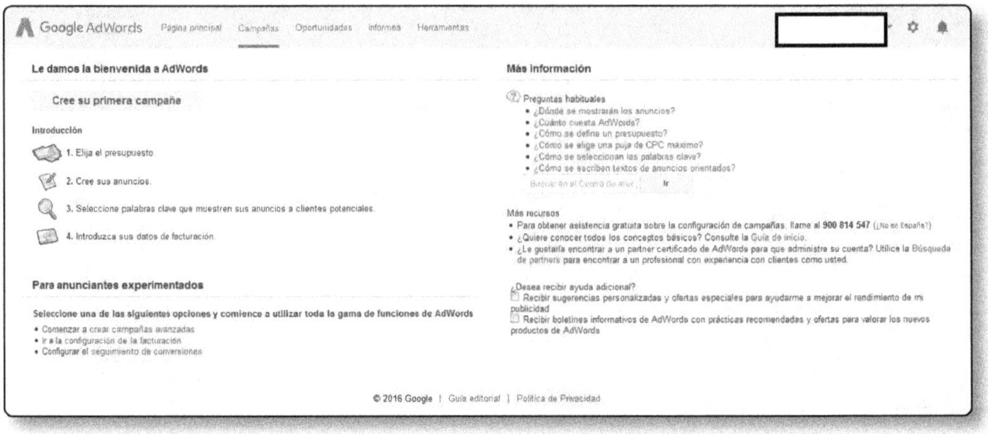

Figura 17.11. Campañas.

17.7 OPORTUNIDADES

Con las campañas que tengamos creadas podremos obtener oportunidades asociadas a palabras que pueden incrementar nuestras visitas.

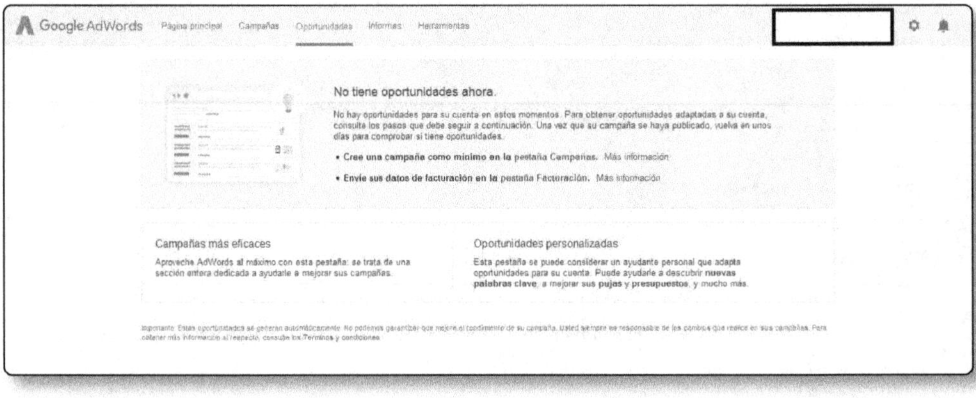

Figura 17.12. Oportunidades.

17.8 INFORMES

Aquí podremos crear informes personalizados. Se recomienda usar el asistente que se nos presenta la primera vez que accedemos a esta pestaña para entender mejor su uso.

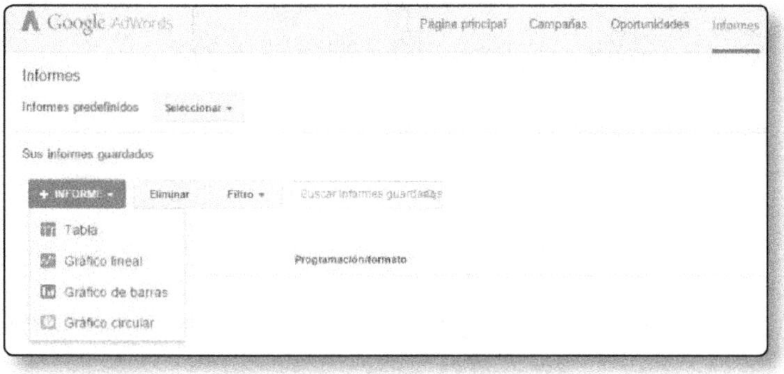

Figura 17.13. Informes.

17.9 HERRAMIENTAS

La pestaña de herramientas nos muestra una serie de aplicaciones que complementan de manera eficiente a Google Adwords:

Figura 17.14. Menú de herramientas.

17.9.1 Historial de cambios

En el historial de cambios podremos ver todos los cambios que se han llevado a cabo a lo largo de la vida de la campaña creada.

Figura 17.15. Historial de cambios.

17.9.2 Conversiones

Cuando hablamos de conversiones nos estamos refiriendo a los objetivos que el usuario que ha creado la campaña ha conseguido cumplir gracias los clicks obtenidos por el anuncio publicado.

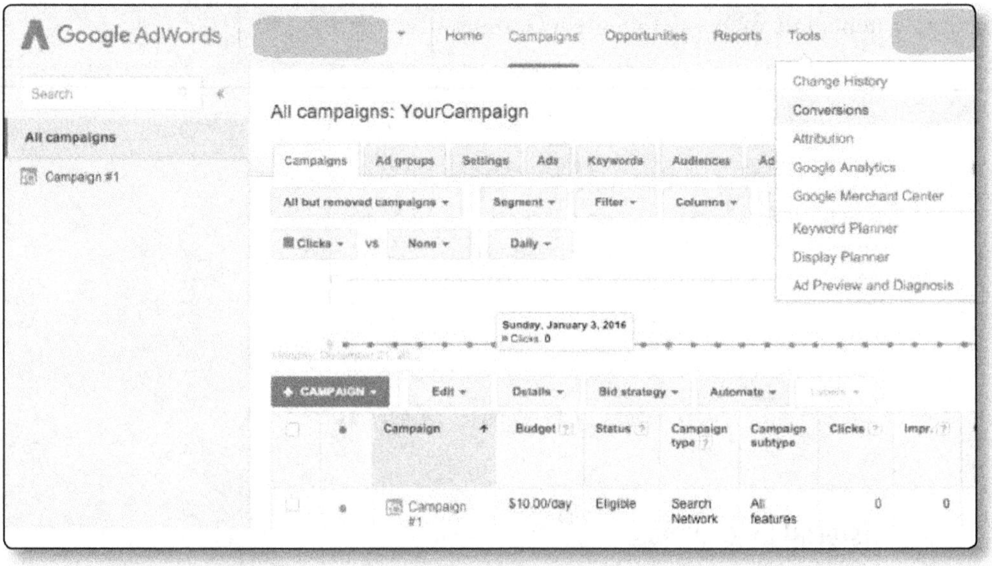

Figura 17.16. Conversiones.

17.9.3 Atribuciones

En este apartado podremos definir los diferentes modelos de atribución, siendo estas reglas las que determinan cómo se van a asignar los diferentes valores de venta, así como las conversiones. También podemos llevar a cabo la generación de otros informes asociados al primer o último clic entre otros.

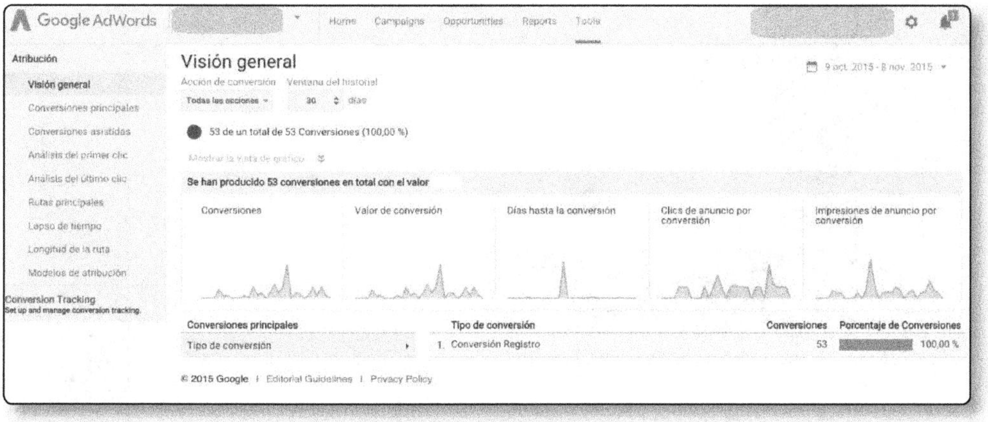

Figura 17.17. Atribuciones.

17.9.4 Google Merchant Center

Desde este apartado llamado **Google Merchant Center** podemos introducir nuestros productos la tienda de Google.

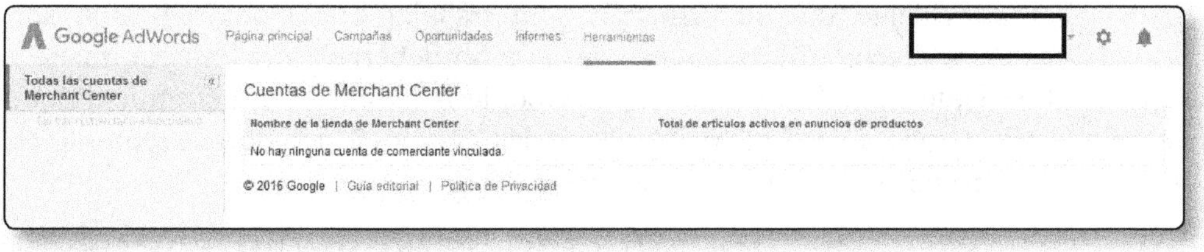

Figura 17.18. Google Merchant Center.

NOTA

Para poder trabajar con este apartado deberemos tener una cuenta de vendedor asociado a Google en la web https://www.google.com/retail/merchant-center/.

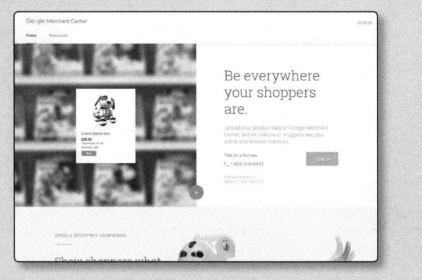

También se puede acceder directamente a la aplicación de Google Analytics.

17.9.5 Planificador de palabras clave

Ya es evidente que lo principal para trabajar con Google Search son las palabras. Y la elección de estas es algo que no debemos tomarnos de manera superficial. Google nos ofrece, asociado a Google Adwords, una herramienta que nos ayudará a elegir las palabras más útiles y decisivas dependiendo del entorno en que nos encontremos y sobre el que queramos actuar.

La herramienta de la que hablamos la podemos encontrar en la dirección web https://adwords.google.es/KeywordPlanner, a la que podremos acceder desde el menú de **herramientas**.

Figura 17.19. Herramienta de palabras clave de Google.

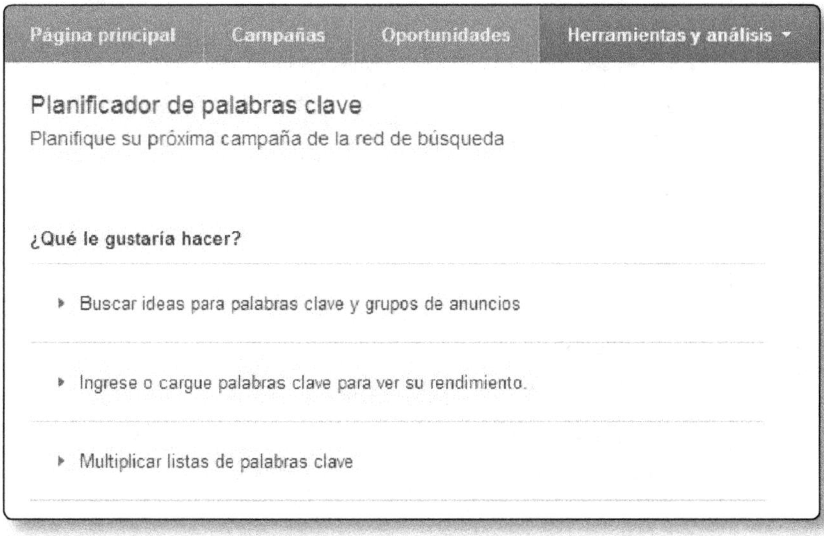

Figura 17.20. Opciones del planificador de palabras clave de Google.

Una vez accedido podemos elegir entre diferentes opciones:

▼ Encontrar palabras clave y obtener datos del volumen de búsquedas. En
este apartado y sus subapartados podemos realizar estudios de diferentes
palabras y de su efectividad conforme a un determinado entorno.

▼ Planificar el presupuesto y obtener previsiones respecto a determinadas
palabras clave.

17.9.5.1 BUSCAR PALABRAS CLAVE

La búsqueda de palabras clave es la primera de las opciones que se nos
presenta dentro del apartado **Encontrar palabras clave y obtener datos del
volumen de búsquedas**. Al pulsar sobre ella se nos muestra un desplegable en el
que podemos insertar los diferentes criterios de búsqueda y la web a la que queremos
hacer referencia, en la que queremos obtener el éxito.

Figura 17.21. Buscador de palabras.

En el resultado de búsqueda podemos ver las diferentes palabras o conjunto de palabras propuestas y desde aquí mismo podremos ver el éxito actual de las mismas y su coste. Si nos interesara alguna podríamos añadirla a nuestro plan.

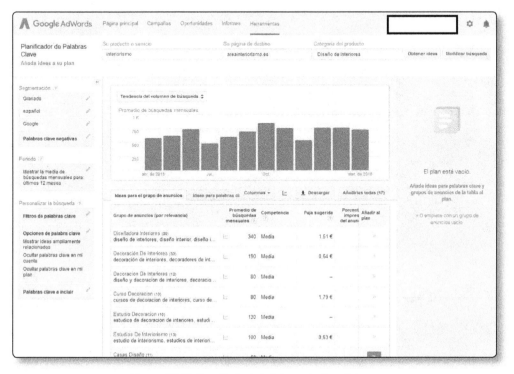

Figura 17.22. Resultado de la búsqueda de palabras.

17.9.6 Diagnóstico y vista previa de anuncio

Si hemos creado ya una campaña y tenemos elegidas y contratadas ciertas palabras para que nuestra web aparezca en el espacio publicitario de Google Search, podemos entrar en esta herramienta y buscar la palabra con la intención de ver si realmente se visualiza. En caso de no ser así se nos avisará.

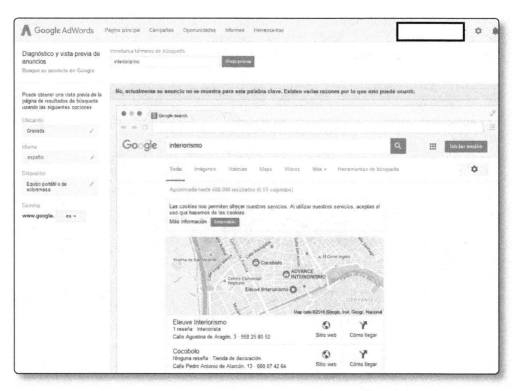

Figura 17.23. Diagnóstico y vista previa del anuncio.

ÍNDICE ALFABÉTICO

8-24-21
NEVER

o

CPSIA information can be obtained
at www.ICGtesting.com
Printed in the USA
LVHW101923110821
695091LV00009B/241

9 781681 658445